3 DÉCADAS DE SUPERVÍVENCIA

La mujer comprendió que el primer paso era
sanar su niña interior, para poder caminar
libre hacia una vida plena y feliz.

ARISLENY FERNÁNDEZ

MENTORA DE PROPÓSITO

Titulo: 3 Décadas de Supervivencia.

Subtitulo: La mujer comprendió que el primer paso era sanar su niña interior, para poder caminar libre hacia una vida plena y feliz.

Autor: Arisleny Fernández.

Primera Edición: 2026

Arte Portada: Sam4321

Edición: Yuvvi Rivas.

ISBN:979-8-218-89102-2

ÍNDICE

CARTAS FINALES:

Carta a mis padres.

Carta a Lauren.

Carta a mis hermanos.

Carta a los hombres y mujeres de mi familia.

Carta a mis compatriotas cubanos.

Carta a los inmigrantes.

Carta a los padres bendecidos por Dios.

Carta a los esforzados y valientes.

Carta a las mujeres que buscan a un hombre que las salve Ejemplo: Cómo modelar a nuestras hijas.

Carta a mujeres que se intentan suicidar por un esposo.

Carta para el ser humano que está luchando con adicciones, ira, violencia y autodestrucción.

Carta a las mujeres que no perdonan a su padre.

Carta a las mujeres que no perdonan a sus madres.

Carta de perdón a tus hijos.

El poder de la gratitud, el perdón y la fe para construir vínculos sanos.

Carta a mi futuro esposo.

Carta a la mujer que está floreciendo en mí.

Carta final a mis lectores.

ARISLENY FERNÁNDEZ

Arisleny es la Niña mimada de Dios. La niña que sueña con los ojos abiertos.

AUTOBIOGRAFÍA ARISLENY FERNÁNDEZ

Arisleny Fernández nació con un espíritu inquieto y una determinación que pocas veces se ven en una joven. Desde muy pequeña sintió que la vida le pedía más de lo normal: más fuerza, más carácter, más fe. Creció en un entorno donde la supervivencia no era una opción, sino una condición diaria. Sin embargo, en medio de esa dureza, desarrolló sus mayores tesoros: el amor por el crecimiento personal, el deseo profundo de comprenderse a sí misma y la necesidad de despertar a una vida más consciente.

La adolescencia de Arisleny estuvo marcada por sueños gigantes. A sus 17 años ya visualizaba una vida diferente para ella y para su familia. Su impulso era tan grande que, antes de cumplir 37 años, logró cada uno de los objetivos que se propuso: migrar, trabajar, ayudar a los suyos, formarse, levantarse desde cero, crear estabilidad y construir una vida que cualquier persona consideraría un éxito.

Pero al llegar a esa cima que tanto había deseado, descubrió una verdad que la sacudió: había cumplido todos los sueños... pero no era feliz. Había vivido por amor a su familia, pero se había olvidado de sí misma. Había corrido tanto detrás de las metas, que un día se encontró vacía.

Ese fue el punto de quiebre. Ese fue el despertar.

A los 37 años, con una vida llena de experiencias, triunfos, pérdidas, aprendizajes y silencios acumulados, Arisleny tomó la decisión más valiente de todas: hacerse su prioridad. No por egoísmo, sino por amor. Entendió finalmente una ley que transforma destinos: quien no se sabe amar, no puede amar.

Hoy, Arisleny reescribe su historia desde un lugar distinto. Este libro nace como un acto de liberación, una forma de descargar el dolor que cargó por décadas y transformar cada herida en sabiduría. Su misión ahora es vivir en plenitud, en un estado donde reine el Amor, la Fe y la conciencia.

Porque la verdadera meta nunca fue la estabilidad externa, sino la paz interna.

Su mayor deseo es que tú, que hoy sostienes este libro en tus manos, también te permitas una segunda oportunidad. Que entiendas que aún con todo lo vivido, aún con

las cicatrices y las pérdidas, puedes renacer. Aquí encontrarás consejos que nacen de su experiencia, de su historia, de sus caídas y levantadas; consejos que pueden ahorrarte el dolor que ella tuvo que enfrentar sola.

Hoy es un buen día para reescribir tu propia historia. Cada día es un regalo de Dios. Nunca es tarde para empezar de nuevo.

Esta es la historia de una mujer que sobrevivió, despertó y eligió vivir. Una historia que inspira, que mueve, que recuerda que después de la tormenta siempre existe la posibilidad de renacer.

IDENTIDAD DE ARISLENY

Soy una mujer que conoció el dolor, la ausencia, la dureza y la supervivencia, pero que jamás se rindió. Soy la niña que creció con miedo, pero que aprendió a transformarlo en fe. Soy la joven que buscó amor donde no lo había, y aun así se levantó para darse el amor que siempre mereció. Soy la inmigrante que llegó con nada, pero con una fuerza que no sabía que poseía. Soy la madre que se reconstruye para dar un ejemplo de valentía. Soy la mujer que eligió despertar, romper patrones, sanar y volver a empezar.

Hoy sé quién soy. Mi identidad no está en mis heridas, está en mi renacimiento. No está en lo que sufrí, está en lo que aprendí. No está en lo que perdí, está en lo que construyo. No está en lo que otros dijeron de mí, está en lo que Dios dice que soy.

Soy hija de Dios. Soy propósito. Soy transformación. Soy consciencia. Soy fortaleza emocional. Soy una mujer que inspira porque primero aprendió a sanar. Soy la voz de la niña que antes estuvo rota y hoy camina libre. Soy amor propio, valentía y verdad.

Esta es mi identidad hoy:

una mujer que despierta almas porque primero despertó la suya.

PRÓLOGO

3 Décadas de Supervivencia

Por Arisleny Fernández

Este libro nació el día en que entendí que sobrevivir no era suficiente. Llevaba más de treinta años cargando batallas que nunca conté, cicatrices que nunca mostré y silencios que aprendí a tragar desde niña. Viví creyendo que ser fuerte era no llorar, no pedir ayuda, no fallar. Viví creyendo que la vida era una constante prueba donde yo tenía que demostrar que podía con todo... aunque por dentro estuviera rota.

Durante décadas me moví por amor a mi familia, por responsabilidad, por lealtad a mis raíces, por ese impulso interno de salir adelante sin importar el precio. Pero un día —un día que muchas mujeres reconocerán— me detuve, miré mi vida y comprendí que había llegado a todas mis metas... menos a mí misma.

Ese fue mi despertar.

Aquí se escribe la historia de una mujer que fue niña herida, adolescente confundida, joven valiente y adulta que aprendió a recomponerse una y mil veces. Una mujer que lo dio todo, que perdió mucho, que emigró, que se cayó, que se levantó... y que finalmente entendió que Dios no te abandona, aunque tú no entiendas el proceso. Que cada golpe moldea. Que cada lágrima revela. Que cada etapa prepara.

En estas páginas te abro mi alma. Te cuento mis sombras, mis errores, mi ignorancia emocional, mis aciertos, mis triunfos y ese momento en que decidí no vivir más desde la herida, sino desde la conciencia.

Porque sanar no es olvidar. Sanar es comprender.

Este libro no es solo una autobiografía. Es una guía espiritual, emocional y humana para cada mujer que ha tenido que aprender a sobrevivir, cuando en realidad nació para vivir. Para cada inmigrante que dejó su tierra con el corazón partido. Para cada madre que se siente culpable. Para cada hija que creció sin la ternura que merecía. Para cada mujer que hoy está despertando y quiere construir una vida desde el amor propio, no desde el dolor.

Quiero que mi historia te acompañe, te sostenga y te recuerde algo que a mí me tomó décadas entender:

No eres tus heridas.

No eres tus caídas.

No eres los errores que cometiste.

Eres lo que decides sanar.

Eres lo que decides construir.

Eres lo que Dios soñó para ti.

Hoy te entrego mi verdad con valentía. Si una sola frase, una sola escena o un solo consejo te ayuda a evitar un sufrimiento innecesario, entonces estas tres décadas tuvieron sentido.

Bienvenida a este viaje.

Bienvenido a mi historia.

Este es el renacer de una mujer que aprendió a abrazarse, a perdonarse y a mirarse con los ojos de Dios.

Y hoy, tú y yo comenzamos juntas este camino.

JESÚS, EN TI CONFÍO

CAPTEATIS IN TUCCIUS HANUC AMABILUS

CAPÍTULO 1. La Niña y Sus Cinco Heridas de Infancia.

Nací en Puerto Padre, Las Tunas, en el pequeño pueblo de San Pedro, Cuba, un 22 de diciembre de 1988. Mis padres eran una pareja muy joven.

Mi madre, Edelvis Tamayo Reyes, una joven con pocos estudios, marcada por una familia alcohólica y con otras adicciones, practicantes del espiritismo, pero siempre muy unidos como familia.

Mi padre, Armando Fernández, el joven más popular del pueblo, albañil de profesión, provenía de una familia un poco extremista en valores y prejuicios, pero generosa y también unida.

Al principio vivimos con la familia paterna. Antes de cumplir yo los dos años, mi madre dejó a mi padre por una infidelidad con una vecina del mismo pueblo. Mi madre tomó la decisión de mudarse con su madre, mi abuela. Recuerdo pasar por casas de varios familiares maternos donde ayudaron a mi madre con alojamiento y comida. También mi tía Nelsi y mi tío Juan Carlos nos ayudaron siempre con comida y techo.

Desde pequeña fui una niña muy amorosa, y eso provocaba que cada vez que había una persona borracha o un conflicto familiar, me mandaran a ser la mediadora. Recuerdo cómo mi sistema nervioso se tensaba. Al pasar por diferentes casas, todas con la misma estructura familiar disfuncional, crecí siempre en alerta.

Al cumplir tres años, mi madre se casó por segunda vez. Siempre recuerdo a mi padrastro tratando de ganarse mi cariño. Un hombre increíble que ayudó a mi madre con mi crianza. Me enseñó modales en la mesa, corregía mi vocabulario, me enseñó matemáticas y siempre me decía que había que trabajar duro y ser la mejor en todo lo que hiciera.

Construyó una casa para mi madre y para mí. Me hizo mi primer cuarto independiente. Era la persona más lógica y coherente que conocí; yo sentía una gran admiración por él. Por parte de mi padre, la historia continuó. Él me llevaba a casa de su nueva mujer, con la que tuvo su segunda hija: mi hermana Arleny. Siempre recuerdo a mi padre casi imponiendo que su nueva mujer me quisiera, pero eso nunca fue posible, ni por mi parte ni por la de ella.

Esta nueva familia practicaba la religión Testigos de Jehová. Siempre me sentí fuera de lugar; la energía en aquella casa no me gustaba.

También recuerdo que algunos familiares y vecinos me "elogiaban" de forma despectiva. Me decían:

"Esta niña es terrible."

"Esta va a tener muchos hijos."

"Esta es putica."

Tenía solo nueve años. Era apenas una niña. Y siempre sentí que nadie me defendió de esos comentarios. También juzgaban mi comportamiento carismático.

Recuerdo haber visto en el proyector de mi pueblo la novela *El Rey del Ganado*, y pensé: "Algún día seré tan próspera como ellos."

En el pueblo las instalaciones eléctricas tardaron en llegar, así que toda la comunidad se reunía a ver la novela en un proyector rústico. Y ahí comencé a soñar. Yo era una niña muy curiosa, pero nadie sabía escucharme.

Mi padre volvió a cambiar de mujer. Llegó Yami, "la Chicha", como cariñosamente la llamábamos. Ella llegó con nuevos consejos, un espíritu libre, creyente de San Lázaro y con muchas ideas nuevas sobre el amor y la vida. Recién llegada de La Habana. Yo estaba atenta a cada una de sus historias. Era mi ídolo. Era como sangre nueva en un pueblo que solo hablaba de miseria y escasez.

En poco tiempo, mi padre y ella empezaron a tener varios conflictos. Discutían tan fuerte que se maltrataban físicamente, pero a las pocas horas estaban besándose. Nunca entendí su forma de amarse.

Ella deseaba ser madre, y lo logró. Tuvo dos hermosas bebés: Mellisas, Ailín y Ailén. Su matrimonio siempre fue un caos.

Ella, cada vez que veía a mi padre tomado, me mandaba a lidiar con él. Yo siempre fui la única que lograba calmarlo. Viví muchos conflictos a su lado.

Más adelante llegó otra mujer: Yisel, la madre de Juan. Ahí estaba el sucesor que mi padre siempre quiso: un varón. Creo incluso que a veces él me veía más como una amiga que como su hija.

Vivió con las dos mujeres por mucho tiempo, y yo viví en ambas casas con él.

Siempre de un lado a otro.

Siempre sin estabilidad.

Siempre en alerta.

En muchas ocasiones sentí miedo. No porque alguien me hiciera daño físico, sino porque nunca tuve un lugar seguro. Siempre viví con miedo y ansiedad.

Consejos prácticos y psicológicos sobre las 5 heridas de infancia:

1. **Herida de abandono: ** Sánala creando rutinas estables, buscándote a ti misma y permitiéndote pedir ayuda sin culpa.

2. **Herida de rechazo: ** Sánala reforzando tu identidad, repitiendo afirmaciones positivas y rodeándote de personas que celebren tu esencia.

3. **Herida de humillación: ** Sánala perdonando, trabajando el amor propio y poniendo límites firmes a quienes cruzan la línea del respeto.

4. **Herida de injusticia: ** Sánala reconociendo tu valor, validando tus emociones y alejándote de ambientes donde se minimice tu voz.

5. **Herida de traición: ** Sánala construyendo confianza desde tus límites, eligiendo relaciones estables y recordándote que el caos no es amor.

Síntesis para tu sanación interior:

- Abraza a tu niña interior cada día.

- Observa tus emociones sin juzgarlas.

- Construye un hogar interno seguro.

- Recuérdate que las heridas no fueron tu culpa, pero sanarlas sí es tu poder.

Versículo:

"El Señor sana los corazones destrozados y venda sus heridas." — Salmo 147:3

CAPÍTULO 2. La Adolescencia de 10 a 17 Años y el Internado por 5 Años.

Pasaron los años y yo fui desarrollando diferentes enfermedades como asma, dolores de estómago y me salían tumores en diferentes partes del cuerpo. Me ponía muy tensa cuando había discusiones. Cada vez que alguien me hablaba alto, yo pensaba que me estaba atacando.

Empecé a ser ruda. Siempre jugaba con los varones: pelota, lucha libre, saltaba cercas solo para demostrar que era hábil y fuerte como ellos. Me iba de cacería y cazaba jutías y palomas. Recuerdo que mi padrastro me enseñó a disparar con una escopeta de perle que había en casa.

Por otro lado, mi padre me llevaba con él a todos lados. Al ser negociante, me enseñó varios trucos para ser empresaria y ganar más dinero. Siempre era su mano derecha. Me enseñó varias formas de duplicar el dinero, y su consejo siempre era: "Si un día tienes un novio, debe saber hacer dinero o tu familia morirá de hambre." Me hablaba a medias, pero ese consejo nunca lo olvidé.

Mi padre solo confiaba en mí para ayudarlo a contar su dinero, que era mucho. Sabía que yo era incapaz de coger algo que no fuera mío. Mi padrastro siempre me decía: "Nunca se coge lo que no es tuyo. Se pide permiso o se pide, pero en esta casa nunca entra nada robado, ni un juguete."

Más adelante, mi madre quedó embarazada de otra niña: mi hermana Yanet. La niña más dulce y hermosa que había visto en mi vida. Su cabello negro, su ternura y carisma. Al crecer, me imitaba en todo y estaba siempre detrás de mí. Yo ayudaba a mi madre en todo con ella.

Llegaron mis 12 años y llegó el día de irme al internado, porque no había escuelas en mi pueblo. Tocaba irse interna. Yo estaba emocionada y deseando experimentar nuevas aventuras. Yo amaba las aventuras, siempre era la primera cuando se trataba de nuevas experiencias. Siempre liberal, ayudando a los más necesitados y alentando a los que no se sentían capaces.

Ese día, mis amigas Mirelki y Yanet, mis compañeras contemporáneas, nos íbamos al internado. Era una algarabía terrible, muchos familiares aconsejándonos qué hacer y qué no hacer. Mis amigas estaban más asustadas que yo, y yo tranquilizándolas a todas.

hacia Vedado #6, el pueblo vecino, a esperar el autobús que venía cargado de niños. Nos costó entrar. Aquello era una locura.

Llegamos a la escuela Bejuquero y me sorprendió ver tantas filas de niños y niñas. Nos repartieron colchonetas viejas llenas de manchas. Yo era muy limpia, pues, aunque humilde, mi madre siempre mantenía todo impecable.

Seguimos hacia los albergues, albergues enormes con capacidad para 20 a 30 niñas. Dormíamos por zonas, por pueblos. Llegó la hora de la ducha: el agua estaba helada. Teníamos 15 minutos para bañarnos. A veces, Mirelki, Yanet y yo cogíamos una ducha entre las tres. Las rutinas eran muy rápidas. Todo tenía un timbre. Era como estar en una maratón. La que no terminaba a tiempo debía limpiar el albergue o salir como estuviera.

Al llegar a la comida, aquello me dio asco. Al final comí algo que mi mamá me había preparado. Pero al otro día ya no tenía comida de casa y tuve que comer lo de la escuela. En poco tiempo, me devoraba aquella comida. Yo siempre he comido como un camionero (jajajaja).

Comenzaron las rutinas de trabajo en el campo: desyerbar plátanos. Los azadones eran más grandes que yo. Llegó el domingo y aparecían mis padres, los cuatro deseando verme. Mi padre casi llorando, deseando llevarme a casa, y mi padrastro con consejos distintos. Ellos dos se respetaban porque sabían el carácter del otro.

Recuerdo que Yami y papi se fueron primeros. Mi padrastro Nandy me decía: "Tú vas a ser doctora. Debes cumplir todas las tareas o no tendrás escalafón para calificar." Él sabía cada paso a seguir y sabía que me gustaba competir.

En poco tiempo fui una de las mejores. Mi padrastro siempre se interponía entre los médicos y mi padre. Nunca me permitió usar la máquina para el asma. Me decía: "Tú estás bien, tú eres fuerte y lo vas a lograr." Y así fue. Con duchas frías, trabajo en el campo y rutinas disciplinadas, mi sistema inmune se fortaleció. Fui de las más destacadas.

Nunca saqué las mejores calificaciones, pero era excelente en relaciones humanas. Llegué a ser líder de grupo en 8vo grado.

También tuve mi primer noviecito de besitos: Alexey, un muchacho agradable. Era muy lindo y respetuoso conmigo. Teníamos historias familiares similares.

Él era un año mayor y debía irse de la escuela. Nuestra relación fue corta y solo de besitos.

Una vez él se fue, nos trasladaron a la secundaria de Pozo Blanco. Nueva escuela, mismos compañeros. Los profesores sí cambiaron un poco. Eran profesores emergentes, muchos solo tenían 25 años.

Duré poco en Pozo Blanco porque no quise volver. Estaba siendo acosada por mi profesor de química. Nunca se lo dije a mis padres. Pedí que me cambiaran para la secundaria de Santo Domingo, donde estaban mis amigos Dayelin y Marcelino. Mi padre hizo el trámite.

Un día le conté a Yami lo que pasaba y ella se lo dijo a mi padre. Recuerdo ese día: apenas llevaba una semana en Santo Domingo cuando mi padre llegó a medianoche, borracho, pidiendo verme. Venía de Pozo Blanco de "ajustar cuentas" con el profesor de química. Casi lo mata.

Esa noche todo el mundo supo por qué me cambiaron de escuela: profesores, y luego mis compañeros. Me hacían comentarios muy feos y sufrí acoso de más profesores. Pero terminé mis estudios satisfactoriamente.

Consejos prácticos y psicológicos para esta etapa:

1. La adolescencia es formación: reconoce que muchas conductas tuyas nacieron como mecanismos de defensa para sobrevivir.

2. La rudeza no era rebeldía, era protección. Hoy puedes elegir relacionarte desde la calma, no desde el miedo. 3.

El internado te dio fortaleza, pero también te desconectó emocionalmente. Como adulta, trabaja en la suavidad y la confianza.

4. Si viviste acoso o injusticias, escríbele una carta a tu yo adolescente para devolverle la dignidad que otros intentaron quitarte.

5. No eres lo que viviste. Eres lo que decidiste construir después de sobrevivirlo.

Versículo católico: "El Señor es mi fortaleza y mi escudo; en Él confía mi corazón." — Salmo 28

CAPÍTULO 3. Confundiendo el Amor

Comenzó esa etapa del deseo de tener un novio. Era una de esas tardes de sábado donde había fiesta en Santa María #5 y mi padre me dejó ir con Maite y Dayelin, unas amigas muy queridas. Mi padre solo me dejaba ir con Maite; ella nos cuidaba bien.

Dayelin tenía un enamorado y al llegar a la fiesta nos juntamos con sus amigos. Bailamos toda la noche. Daniel, un amigo de José —el enamorado de Dayelin—, un muchacho muy atractivo que ya había visto en otras ocasiones me llamó mucho la atención, y yo intuía que también le atraía.

Él sabía bailar muy bien, y todas las chicas querían bailar con él. Yo no sabía bailar y me intimidaba. Pasó la noche y casi al terminar la fiesta pusieron un bolero muy romántico. Él se apresuró a sacarme. Yo acepté de inmediato y, como por arte de magia, se fue la corriente. En medio del alboroto, él inteligentemente me abrazó y quedamos con los cuerpos pegados. Nuestras respiraciones estaban muy cerca, y rozó sus labios con los míos. Terminamos besándonos.

Con Daniel viví mi primer amor. Me enamoré de sus besos, sus abrazos y su forma tan especial de tratarme. Solo había un problema: a él y a su familia les había llegado el sorteo de los Estados Unidos, y él estaba esperando para irse de Cuba. Vivimos un amor muy intenso, siempre despidiéndonos, viviendo cada día como si fuera el último. Hasta que llegó el día inevitable: él se fue, y yo quedé destruida.

Me juró que regresaría por mí y que pronto estaríamos juntos. Lo esperé por más de un año, hasta que por unos amigos supe que tenía una relación en los Estados Unidos. Dolida, empecé a olvidarlo y me prometí que algún día llegaría a ese país para decirle que era un mentiroso y que lo odiaba.

Pasó el tiempo y tuve varias relaciones muy tóxicas. Una de ellas casi me mata; aún no sé cómo estoy viva. Frustrada, acepté la invitación de una prima para tirarme las cartas. Según ella, aquella mujer llamada Débora leía el futuro. Yo, con la esperanza de que me dijera que Daniel regresaría o que un milagro cambiaría mi vida, fui.

Al llegar, la señora aún dormía; era temprano. Nos sentamos en su portal a esperar. Enfrente quedaba una casa muy bonita, una biplanta. De repente salió un hombre como sacado de una novela: alto, atractivo y pulcro, vestido para la playa.

A su lado venía otro hombre que me saludó: Tony, un amigo de la escuela, quien bajó a abrazarme y me presentó a su amigo Paulo, un italiano que olía a dioses.

Nos presentamos justo cuando Débora abrió la puerta. Mi prima y yo murmuramos sobre el italiano. La señora nos dijo lo mismo a ambas: "Les queda poco en Cuba."

Salimos hacia la parada del Busto de las Madres para hacer señas a los carros y regresar a Chaparra. Para nuestra sorpresa, se detuvo un carro de turismo: era Tony con Paulo ofreciéndose a llevarnos.

Dentro del carro, nuestras miradas coincidían en el espejo retrovisor. Yo no podía creer que iba en un carro de turismo con un "yuma". Al llegar a la terminal, ellos se bajaron a despedirse. Tony volvió y me preguntó si quería ir a la playa al día siguiente. Le dije que lo pensaría y que lo llamaría por la noche para confirmar.

Al llegar a casa, medité varias veces, pero fui a la cabina pública y acepté. Al día siguiente estaba lista para la aventura. Paulo, que apenas hablaba español, fue muy amable y atento. Pasamos una semana muy linda. Me preguntó si me gustaría conocer Italia. Yo pensé que era broma, pero para mi sorpresa volvió pronto, hizo mis trámites y me llevó a Italia por tres meses.

Viví en Milán, en Alessandria, casi dos meses. Sus padres eran empresarios, muy educados pero distantes conmigo. Paulo vivía en el tercer piso, sus padres en el segundo y su tienda en el primero. Alessandria era un pueblo hermoso.

Al mes de estar allí, quedé embarazada. Él, recién divorciado y con dos hijos varones, no quería más hijos. Era un empresario muy exitoso y ocupado. Volví a Cuba destrozada. Nunca más lo vi. Interrumpí el embarazo. Al regresar a Cuba fui criticada y juzgada por mi familia y vecinos. Estaba frustrada y herida. Pasé casi un año en depresión, sin deseos de salir ni hablar con nadie.

Consejos prácticos y psicológicos:

1. El primer amor marca, pero no define tu valor. Aprende a recordar sin idealizar.

2. La intensidad emocional no siempre es amor; a veces es carencia. Observa qué buscabas realmente.

3. Cuando un vínculo depende de promesas futuras, es un vínculo inseguro. El amor real se construye en el presente.

4. Nunca entregues tu vida a un proyecto que depende totalmente del deseo del otro. Sostente en ti.

5. El duelo amoroso se sana entendiendo que no perdiste una persona, sino una ilusión.

6. Una relación tóxica no se supera con otra relación: se supera sanando primero tu autoestima.

7. Como adulta, recuerda: no necesitas ser escogida. Tú eliges quién entra a tu vida.

Versículo católico: "El amor es paciente, es bondadoso; no busca su propio interés." — 1 Corintios 13:4-5

CAPÍTULO 4. Rezando por una bendición.

Recuerdo pedir mucho a Dios. Cada día era un infierno en aquellos dos pueblos: El Cedrón y San Pedro. Cada vez que alguien me saludaba me preguntaba por qué había regresado a Cuba. Recuerdo un día que mi padre me miró y me dijo:

"Nunca más tendrás otra oportunidad como la que tuviste de salir de este país."

Algo en mí se revolvió, y me dije a mí misma:

"Yo sí me iré de aquí, y nunca más volveré hasta lograr mis sueños."

Ese día era viernes, y una amiga me invitó a visitar a su hermana en Puerto Padre. Pasamos una tarde hermosa y su hermana insistió en que nos quedáramos unos días para despejar. Yo me quedé en casa de unos amigos y mi amiga con su hermana.

Al otro día quedamos para vernos e ir a la disco a bailar. Fuimos a la disco, pero no nos gustó mucho y decidimos bajar al malecón del pueblo a coger el aire fresco que había allí. La noche estaba hermosa. Yo y mi amiga nos sentamos a coger el aire y a hablar de nuestros sueños. Recuerdo ir a comprar dos cervezas y tomarlas juntas.

Al lado del malecón, ya a punto de irnos a casa, un amigo pasó saludando a mi amiga y ella se levantó y se puso a conversar a unos cuantos metros de mí. Yo, sentada sola al lado del mar, vi que alguien me saluda con la mano desde lejos. Era Blady, otro amigo que ya conocía mediante Paulo. Se puso muy feliz al verme. Él venía acompañado por cuatro amigos españoles. Entre ellos uno llamado Jesús. Yo y Jesús conectamos de inmediato, solo que él estaba al lado de una chica y de inmediato pensé que era su novia, así que cambié la mirada.

Blady, muy feliz de verme, me dijo que al día siguiente era el cumpleaños de su hijo pequeño, que estaría toda la familia y que, a Diana, su esposa, le encantaría verme. Yo dudé un poco, pues no quería que me preguntaran más por Paulo, pero acepté y fui al día siguiente.

Habían alquilado un camión y nos fuimos a celebrar todos a la playa de Cova Rubia. La pasamos genial. Jesús, un hombre muy excéntrico, alegre y muy pila, me decía que él no tenía novia, que la muchacha era una amiga sin importancia. Blady me dijo: "Él te dice la verdad, él es soltero."

Yo pasé el día ayudando a cargar al niño de Blady, el cumpleañero. Jesús se deleitaba mirándome; sus ojos hablaban por él. Y yo sentía algo por él.

Allí me dijo que tenía una niña con una tunera y que por eso viajaba a Cuba muy a menudo.

Me elogió varias veces por saber tratar con los niños y me pidió como favor ir a conocer a su hija a Las Tunas, pues él no sabía cómo ganarse a su hija y necesitaba ayuda. Había ido en varias ocasiones y la niña no quería ir con él.

La comunicación con la mamá de la niña era muy mala y él, por sus palabras, se notaba que le tenía mucho miedo. Y yo, que ya traía la tendencia de querer salvar a todo el mundo, le dije que sí, que lo acompañaba.

Al otro día pasó por mí y fuimos a ver a la niña, que para su sorpresa me echó los brazos desde que me vio. Al entrar a la casa de la niña sentí mucha tensión, pero terminamos llevándonos a la pequeña, una niña hermosa y con mucha falta de afecto; me abrazaba como si nos conociéramos de toda la vida. Él, encantado, me pidió si podía rentarme en la misma casa de renta para que me ocupara de la niña, y yo acepté. Siempre fue muy respetuoso.

Pasaron los días y él debía marcharse. Jesús tenía unos 45 años, nacido en Cádiz, España. Tenía costumbres muy similares a los cubanos y parecía más cubano él que yo. Siempre nos confundían. Pasamos dos semanas increíbles y ya debía marcharse. Me prometió volver pronto. Yo, un poco incrédula, le dije que está bien.

En pocos meses Jesús volvió y fuimos de nuevo por la niña; ya teníamos más confianza. Recuerdo decirle:

"Si deseas estar conmigo, nos tenemos que casar formalmente."

Y para mi asombro, él dijo que sí.

En pocos días organizamos todo. Fuimos al bufete y arreglamos los papeles. Para mi sorpresa, él alquiló hasta un carro descapotable y organizó una de las bodas más sonadas de Puerto Padre. Invitó a varios amigos, un socio francés y su sobrino. Todos llegaron de sorpresa. Yo no podía creer todo aquello.

Para la luna de miel organizó enseñarme Cuba. Me enseñó mi país completo. Conocí todas las provincias y pasamos un mes de película. Yo saltaba en un solo pie.

En poco tiempo estaba montada en un avión rumbo a Madrid, España, con todos mis papeles en regla como residente europea.

Consejos y responsabilidades en una relación entre dos personas de diferentes nacionalidades:

1. Respetar la cultura del otro.

2. Comunicación radical y transparente.

3. Definir responsabilidades antes de convivir o casarse.

4. Entender que no es solo una pareja, es un puente entre dos mundos.

5. No idealizar ni victimizar.

6. Los papeles migratorios no pueden sustituir el amor.

7. Un pacto espiritual es fundamental.

Versículo final:

"Y sobre todas estas cosas vestíos de amor, que es el vínculo perfecto." Colosenses 3:14

CAPÍTULO 5. Llegada a Madrid.

Al llegar a Madrid, Jesús me esperaba lleno de ilusión, feliz de mi llegada. Me recogió en un carro de lujo; eso fue una sorpresa, porque él siempre me decía que tenía poco dinero. Jesús, en Cuba, parecía un cubano y siempre regateaba por todo.

Madrid estaba llena de luces, la ciudad más hermosa que mis ojos habían visto. Él quería mostrarme todo. Llegamos a Plaza Castilla y dobló hacia la calle Rafael Herrera. Nos estacionamos en un edificio de lujo, y enseguida el señor de la puerta vino a saludarlo. Lo llamó "señor Aragón". Aquello me parecía un hotel, pero en realidad era su casa.

Caminamos hacia el ascensor, y enseguida me entró un pánico horrible. No me gustaban los ascensores. Me faltaba el aire cada vez que tenía que subir a uno. Él apretó el botón 10. Al llegar, abrió la puerta: era un ático hermoso, con unas vistas maravillosas. Yo y Jesús estábamos felices, y teníamos un sexo increíble; hasta hoy creo que fue el mejor sexo de mis relaciones amorosas.

Solo que Jesús no sabía abrazarme. Estaba desconectado. A veces lo sentía muy frío y siempre pensativo. Algo estaba pasando, y yo no lograba descubrir qué era.

Los meses pasaron y yo empecé a extrañar a mi familia. Él me sorprendió y decidió llevarme a conocer pueblos. Fuimos a Sevilla, Barcelona, Zahara de los Atunes, cerca de Marruecos, y Portugal. Yo me puse muy feliz. Y volvimos a Madrid.

Recuerdo que debíamos buscar a la niña en Toledo; ya su mamá y ella habían regresado a España. La madre de la niña siempre utilizaba a la pequeña como moneda de cambio. Jesús vivía atemorizado por ella. Para poder ver a su hija, debía hacerlo mediante un sitio donde ninguno de los dos podía verse directamente. Era algo horrible para la niña.

Jesús cada día se veía más frustrado. Tomaba cada noche y fumaba mucho. Esta vez empezó a fumar un cigarro muy extraño. Más tarde entendí que fumaba marihuana. Yo no sabía ni qué era esa hierba. Afortunadamente nunca me ofreció; yo era muy inocente.

Jesús me dijo que había que vender la casa donde vivíamos. Sus negocios en República Dominicana estaban paralizados. Recuerdo firmar varios documentos sin saber realmente lo que estaba firmando. Pero al ser su esposa, sin separación de bienes, debía firmar. Él estaba muy nervioso por la venta del ático.

Jesús era uno de los empresarios más exitosos de la noche madrileña. Tenía bares nocturnos y decidió vender todo para invertir en terrenos en República Dominicana. Su proyecto, en conjunto con un francés, era en Las Terrenas: bienes raíces, iban a construir villas de lujo. Pero al ser República Dominicana, los permisos nunca salían bien y el proyecto llevaba más inversión de lo previsto.

Empezamos a tener discusiones por cosas simples. Una mañana me levanté con náuseas y fui a hacerme un test. Estaba embarazada. Llegué feliz a casa y él me dijo que no deseaba hijos. Una vez más me pasaba lo mismo. Desde ese momento decidí que no lo quería más en mi vida. La historia se repetía.

Fui al hospital sola, porque él no quiso acompañarme a ver a un doctor. Me hicieron un ultrasonido y, para mi sorpresa, el doctor me preguntó si había gemelares en mi familia. Un frío recorrió todo mi cuerpo. Y sí... traía tres bebés, no uno como pensaba.

Yo paralizada. Llegué a casa y él ni siquiera me prestó atención. Se fue al gimnasio a hacer ejercicio. Yo seguí trabajando y, por un mal gesto, perdí mi embarazo. Ya nunca más la relación funcionó. Él no sabía ser padre y era un hombre con muchas sombras que ni él sabía controlar.

Terminé separándome. No sabía qué hacer ni a quién recurrir. Gracias a Dios, una amiga de él, Gema, me ayudó y salí adelante. También Himi, mi amiga, me ayudó mucho. Hasta hoy agradezco cada uno de sus abrazos y sus consejos hacia mí. Dios nunca nos desampara.

Consejos para una inmigrante llegando a Madrid:

1. Integrarse a la comunidad desde el primer mes.

2. Unirse a una iglesia o grupo espiritual para apoyo emocional.

3. Participar en grupos sociales, de WhatsApp y comunidades de apoyo.

4. Buscar apoyo emocional profesional si no tiene familia.

5. Crear una rutina estable para evitar ansiedad y soledad.

6. Aprender a pedir ayuda sin vergüenza.

7. Recordar que Madrid puede ser un renacimiento.

Versículo final:

"Dios es nuestro amparo y fortaleza, nuestro pronto auxilio en las tribulaciones." Salmo 46:1

CAPÍTULO 6. Una desgracia familiar, la muerte de mi padrastro Nandy.

Una llamada me despertó a medianoche. Era mi prima desde los Estados Unidos, llamándome para darme una mala noticia. Antes de que ella hablara, ya mi cuerpo lo presentía; algo malo había pasado. Su voz intentaba mantenerse calmada, pero la tragedia se escuchaba entre sus palabras. Me dijo que mi padrastro había fallecido.

Yo lloraba desconsolada. Recuerdo ir a una joyería a vender todas mis prendas porque no tenía dinero para viajar a Cuba y apoyar a mi madre en aquella desgracia. Terminé llamando a Jesús y, de inmediato, llegó, me acompañó al aeropuerto y me dio más dinero. Él sabía que mi padrastro era como un padre para mí. Hasta hoy agradezco ese gesto de su parte.

Llegué a Cuba y mi madre estaba devastada. Mi hermana muy afectada, porque mi padrastro era joven y ninguno de nosotros estaba preparado para esa pérdida. Él sufrió un dolor fuerte en el hígado y se ahogó en una represa que quedaba al lado de nuestra casa en Chaparra. Este incidente ocurrió delante de mi hermana, que tenía 13 años, y de otros niños que él había llevado a bañarse al lugar.

Fue un golpe devastador para mi familia. Yo estaba profundamente impactada, pero sabía que debía volver a España en poco tiempo. Sin embargo, mi tía materna, que vivía en los Estados Unidos, me dijo que debía viajar a los EU para terminar una carta de invitación que ella había puesto a nombre de mi madre.

Yo ya era ciudadana europea, no tenía trabajo en España, y tomé la decisión de venir a los Estados Unidos. –

Consejos para inmigrantes:

• Es importante tener ahorros para emergencias. Como inmigrante, la vida puede cambiar de un día para otro. No siempre tendrás una red de apoyo, así que cada euro o dólar cuenta.

• Cuida cada moneda que ganes. No gastes por impulso. Cada billete puede significar una noche bajo techo, una comida, un documento o una oportunidad.

• No puedes permitirte verte viviendo en la calle. La estabilidad financiera no es un lujo; es una necesidad. Construye un fondo de emergencia,

aunque sea poco a poco. La seguridad económica es una de las armas más poderosas que un inmigrante puede tener.

• Nunca dependas completamente de un hombre. La independencia emocional y financiera es esencial.

Amar está bien, confiar también, pero depender al 100% te pone en riesgo. Tu seguridad debe estar en ti, en tu fe y en tu capacidad de levantarte siempre.

Versículo Católico:

"Todo lo puedo en Cristo que me fortalece." — Filipenses 4:13

CAPÍTULO 7. Llegada a los Estados Unidos.

Aún en Madrid, ya con los preparativos para venirme a los Estados Unidos, con pasaje y todo listo, me dio un fuerte dolor en el vientre y fui operada de emergencia de apendicitis. Tuve que posponer mi viaje. No lograba comunicarme con mi familia en EU, pues mi tía y mi prima estaban pasando por un divorcio y cambio de casa. No era un buen momento para ellas.

Llegó el día de partir y no sabía quién podría recogerme en el aeropuerto. Al llegar a Miami, con 300 dólares y una maleta de 20 libras, me di cuenta de que esta ciudad no era como Madrid. La gente iba a toda velocidad. La gente era fría y había pocos modales. Nadie decía "permiso" ni "gracias".

Al salir del aeropuerto me conecté para ver si tenía noticias de mi familia, pero no había mensajes. Se me ocurrió mirar en Facebook para ver quién vivía en Miami que yo conociera. Pensé en escribirle a Daniel, aquel novio que me mintió. Y, para mi fortuna, me respondió de inmediato.

En pocos minutos estaba recogiéndome. Al verlo, nos emocionamos mucho. Después de diez largos años nos reencontramos. Nos abrazamos con fuerza. Los abrazos de Daniel eran medicina para mí. Aunque ya no sentíamos nada el uno por el otro, él se convirtió en un gran apoyo para mí.

Me llevó a casa de mi familia materna. Había tensión, pero aun así me quedé un mes. Al mes siguiente, mediante el papá de Himi, empecé a trabajar y me independicé rápidamente.

Consejos para una inmigrante que llega sola a los Estados Unidos:

1. Construir un plan de 90 días desde el primer día.

2. Aprender el sistema, no solo el idioma.

3. Crear una red de contactos de calidad, no de cantidad.

4. Documentarlo todo desde el principio.

5. Aprender a defenderse con elegancia.

6. No compararse con nadie.

7. Desarrollar una mentalidad estratégica.

8. Elegir bien dónde vivir.

9. Aprender a decir: "Lo voy a pensar".

10. Mantener vivas las raíces sin aferrarse al pasado.

Versículo final:

"Esfuérzate y sé valiente; no temas ni desmayes, porque el Señor tu Dios estará contigo dondequiera que vayas." Josué 1:9

CAPÍTULO 8. Miami, la ciudad más fría que mis ojos habían visto.

El papá de Himi, el señor Oscar —a quien ya conocía desde Madrid— me montó en su carro y me llevó a hacer mallas artesanales para frutas, su negocio. Él me pagaba según lo que yo fuera capaz de hacer, y en poco tiempo me volví muy buena. Lograba hacer varias cajas al día y él me pagaba unos 70 dólares diarios.

Además, me ayudó a entrar a una cafetería de unos conocidos de su barrio, y aprendí a ganarme otros 100 dólares más. Él me daba muy buenos consejos. Me decía:

"En Miami hay mucha gente que no gana dinero decentemente. Cuidado con quién te juntas aquí."

Oscar me cuidó como a una hija. Me buscaba en su carro y me retornaba a casa. En poco tiempo me independicé, justo al lado de la cafetería donde trabajaba. Allí encontré a varias venezolanas que me ayudaron mucho: Evelin y Adriana. Evelin, en ocasiones, me dejaba dormir en su casa y me apoyaba en todo. Empecé a admirar mucho a las venezolanas; son mujeres con mucha visión de negocio y de hacer más dinero.

La renta que conseguí era un cuarto (efficiency) por 850 dólares en las afueras de una casa de unos señores retirados. El cuarto era extremadamente pequeño. Parecía grande… hasta que se me ocurrió comprar un colchón inflable. Cuando lo inflé, me di cuenta de que el colchón era más grande que el cuarto entero. Yo no sabía nada de medidas. Pero estaba bien.

El señor Tati, un amigo de mi tía Doralis, me llevó a Walmart a comprar una bicicleta. Sí… una bicicleta, como escuchas. En poco tiempo yo andaba en bicicleta para todos lados. Ya había olvidado esas experiencias. Me sentía como de vuelta en Cuba.

Yo, al haber entrado a los Estados Unidos como europea, debía estar ilegal por un año y un día. Pero afortunadamente tenía trabajo y sabía mantenerme. También la mamá de Dani, Mimi, me ayudó mucho. Ella me llevaba a limpiar casas con ella en mis días libres. Ganaba otros 100 dólares al día con ella.

En aquella cafetería, que era 24 horas, los horarios eran muy fuertes. A veces doblábamos turnos. Yo deseaba ganar dinero y estaba entrenada para trabajar duro. Debía ayudar a mi familia, a mi madre y a mi hermana.

Y ahorrar para su carta de invitación.

Al no tener papeles, no podía sacar un carro. Me trasladaba en autobús. En Miami, ir en bus es arriesgar la vida. No lo recomiendo. Pero yo no tenía muchas opciones.

Gracias a Dios, la carta de invitación de mi mamá y mi hermana estaba en marcha y avanzando.

Mi tía Doralis nos ayudó a hacer el trámite, pero ella no contaba con trabajo en ese momento, y yo era la encargada de pagar todos los gastos. Mi misión era ayudarlas para que llegaran a los Estados Unidos.

Trabajaba sin descanso. En aquella cafetería también conocí al señor May, un italiano a quien le caí en gracia. Me dijo que yo tenía un excelente trato con los clientes. De inmediato se dio cuenta de que venía de Europa y me preguntó si era italiana o rusa. Pero le dije que era cubana, y él se quedó sorprendido. Enseguida me pasó su tarjeta y me dijo:

"Yo tengo un negocio de eventos privados. Te pagaría 100 dólares solo para que me ayudes a pasar bebidas a los invitados."

Yo, un poco desconfiada, le pregunté directamente:

"¿Y esas fiestas privadas son decentes?" Él sonrió sorprendido y me dijo que sí, que eran decentes. Pero había un problema: esos eventos eran los sábados, y yo nunca descansaba un sábado.

Pasaron los meses; ya casi cumplía un año en los Estados Unidos, y mi momento de tener documentos legales estaba llegando. La entrevista de mi mamá estaba muy cerca, y todo iba saliendo bien.

Consejos para una inmigrante en Miami:

Cuando eres inmigrante es importante que aprendas a trabajar en ambientes sanos, donde haya respeto, claridad y buenos valores. Tus amistades deben ser bien seleccionadas. Recuerda que eres el promedio de las cinco personas más cercanas a ti. En Miami hay mucha apariencia de éxito, pero hay mucha gente quebrada financiera y emocionalmente. Ve a tu ritmo y sé muy selectiva con las personas con las que compartes tu tiempo y tu energía.

Versículo final:

"Porque yo sé muy bien los planes que tengo para ustedes —oráculo del Señor—, planes de bienestar y no de desgracia, para darles un futuro y una esperanza." Jeremías 29,11

CAPÍTULO 9. La llegada de Joe

Era uno de esos días donde había cambios en la cafetería donde yo trabajaba. Algo muy inusual pasó: me pusieron a descansar el sábado. De inmediato, al ver mi horario, llamé a May, el italiano de las fiestas privadas con gente glamurosa de Miami.

Yo siempre he admirado a las personas exitosas. Me gusta sentirme entre ellos; me gusta el éxito y el poder.

May pasó enseguida por mí y me llevó a Walmart a comprar un uniforme negro. Había que ir formal, toda de negro. May me vistió profesional en pocos minutos. Ni yo me reconocía. Me veía muy linda.

En unas horas estábamos entrando a una hermosa casa de una doctora. Ella acababa de comprar la propiedad, era una muchacha muy amable. Nos indicó cómo deseaba todo colocado y May y yo empezamos a trabajar. Todo quedó listo en poco tiempo y empezaron a llegar los invitados.

Era gente muy linda, todos amables, nos saludaban con mucha educación. Allí entendí que no todos en Miami eran rudos. Había gente bella y amable.

Ya casi estaban todos los invitados, pero faltaba una amiga de la dueña de la casa. Se abrió la puerta y entró la amiga: una rubia despampanante, delgada, con rizos hermosos, caminaba con una seguridad impresionante. Una de esas mujeres magnéticas.

A su lado venía un hombre; se notaba que no eran pareja. Ella lo presentó como su amigo Joe, su amigo de bailes, el mejor bailarín. Un cubano-americano de 6 pies de altura, vestido con un traje azul muy elegante. Entró con una botella de vino en la mano y saludó con un gesto carismático. Sus ojos y los míos se quedaron fijos por un momento, y sentí esa sensación que me alerta cuando algo importante en mi vida va a pasar.

Aquel hombre vino directo hacia mí, y así pasó toda la noche. Me hizo muchas preguntas; yo, apenada por su intensidad, lo esquivé varias veces. Pasó la noche y nos fuimos felices. May me dio mis 100 dólares y yo estaba feliz con mi trabajo extra.

Al día siguiente seguí en mi rutina diaria. Ya en la cafetería, se asoma Joe. Estaba allí nuevamente. Me dice enseguida que May le había dicho dónde trabajaba. No podía ser una casualidad. Yo estaba vestida diferente, "más fea", como decía yo, y allí el olor era horrible. Él traía un perfume exquisito, lo noté de inmediato. Me saludó por la ventanilla y su saludo se hizo costumbre, pues cada día pasaba por allí.

Al cabo de un mes, mi jefa ya se había dado cuenta de aquella nueva presencia. Me regañó. Joe insistía en pedirme mi teléfono, y terminé dándoselo para evitar problemas o que me botaran de allí. Aquella señora era muy fuerte de carácter, con cámaras de vigilancia sobre nuestras cabezas para que no paráramos ni para comer. Eso hacía enojar a Joe.

Él me decía:

"Esa señora es una mala mujer. No me parece justo que no las deje coger un descanso. Eso es ilegal."

Joe era Safety Manager en construcciones y no entendía cómo yo no podía tomar un descanso para comer. Yo, en ese momento, solo necesitaba dinero; comer no era prioridad. Pero era algo que no podía mantener así por mucho tiempo.

En fin, le di mi teléfono y él me hizo prometer que, si yo necesitaba ayuda, lo llamara. Yo sentí como si me tuviera lástima.

A las semanas coordinamos un almuerzo y él me llevó a un restaurante hermoso al lado del mar llamado Rusty Pelican, en Key Biscayne. Logró sorprenderme. Tomamos mimosas ilimitadas y pidió varios platos. La mesa parecía para reyes.

Yo tenía mucho tiempo sin sentirme tan a gusto. Hablar con Joe me resultaba muy agradable. Caballeroso y muy atractivo. Aunque era un hombre mayor, nunca quería decir su edad. Estaba atlético, tenía un cuerpazo, pero yo sospechaba que tenía casi 50 años. A mí me gustaban los hombres adultos… o eso pensaba en ese momento.

Nos hicimos inseparables y repetimos cenas. Me mostró dónde vivía, muy cerca de mi casa. Recuerdo un día que me vio cargada de ropa en mi bicicleta y frenó su carro bruscamente. Me dijo:

"No quiero que vayas más al laundry público. Te pueden hacer daño."

Yo moría de la vergüenza, pero seguí hacia el laundry. Él insistía en que lavara en su casa, un hermoso apartamento de lujo en Coral Gables.

Para la próxima semana me invitó a cenar en Cantina La Veinte, en Brickell. Allí, al lado del mar y con mariachis cantando, me besó y, al finalizar la noche, lo acompañé a su casa. Pasé una noche increíble; aquel hombre era perfecto.

Pero al día siguiente seguí con mi rutina.

Un puertorriqueño pasó por la cafetería rentando la mitad de su casa. Le pregunté si tenía lavadora dentro y me dijo que sí. Yo enseguida tomé la decisión de mudarme con aquel hombre desconocido.

Cuando le dije a Joe mis planes, casi se muere. Pero él mismo me ayudó a mudarme.

Ya instalada en casa del puertorriqueño llamado Frank, pasé una semana feliz por mis nuevas comodidades. Pero en poco tiempo aquel hombre empezó a beber e invitar amigos a la casa. Todo se complicó. Me robaron mi bicicleta. Yo lloré mi bicicleta como si fuera un carro.

Joe llegó enseguida y siguió apoyándome. Me recogió y me llevó a su casa. Me insistió en que había dos cuartos libres y que viviera un tiempo con él.

Joe y yo nos volvimos inseparables. Era el hombre más caballeroso que había conocido jamás. Todo el tiempo me preguntaba si yo me sentía bien y si necesitaba algo.

Consejos sobre elegir pareja cuando aún no nos conocemos a nosotros mismos:

Cuando elegimos pareja sin conocernos a nosotros mismos, elegimos desde la necesidad afectiva, no desde el amor real.

Esto no es amor; es carencia, miedo y dependencia emocional.

Un noviazgo saludable debe durar entre 2 y 4 años antes de formalizar un matrimonio. El tiempo revela el carácter, los hábitos, la verdadera personalidad y la capacidad emocional del otro. Lo que se descubre con calma, evita dolores profundos más adelante.

Cuando no formalizas una relación, esa pareja no se sentirá realmente comprometida a mejorar, a crecer contigo o a hacer planes serios. Una relación sin compromiso claro y sin visión de futuro no dará buenos frutos.

Es importante conocernos primero, sanar nuestras heridas, reconocer nuestras carencias y observar con honestidad si estamos repitiendo patrones. Si notas que eliges personas con el mismo patrón emocional, eso es una alerta clara: tienes que trabajar en ti antes de volver a elegir.

El amor no se construye desde la soledad interna, sino desde la plenitud personal.

Consejo adicional sobre escoger dónde trabajar:

Si vienes de Europa, no pidas trabajo en sitios donde los dueños sean cubanos. Mi experiencia en empresas cubanas ha sido muy mala. La mayoría de los managers cubanos abusan de sus cargos para acosar a sus empleadas, y además no saben los derechos de un empleado en los Estados Unidos. No se preocupan por la alimentación ni por el descanso de sus empleados.

Es importante que, si te sientes abusada, pidas ayuda. En los Estados Unidos, esto es penalizado. Cuida tu salud.

Versículo final:

"El amor es paciente, es bondadoso; el amor no es envidioso ni jactancioso, no se engríe, no actúa con bajeza, no busca su propio interés, no se irrita, no toma en cuenta el mal; no se alegra de la injusticia, sino que se regocija con la verdad. Todo lo excusa, todo lo cree, todo lo espera, todo lo soporta." 1 Corintios 13, 4-7

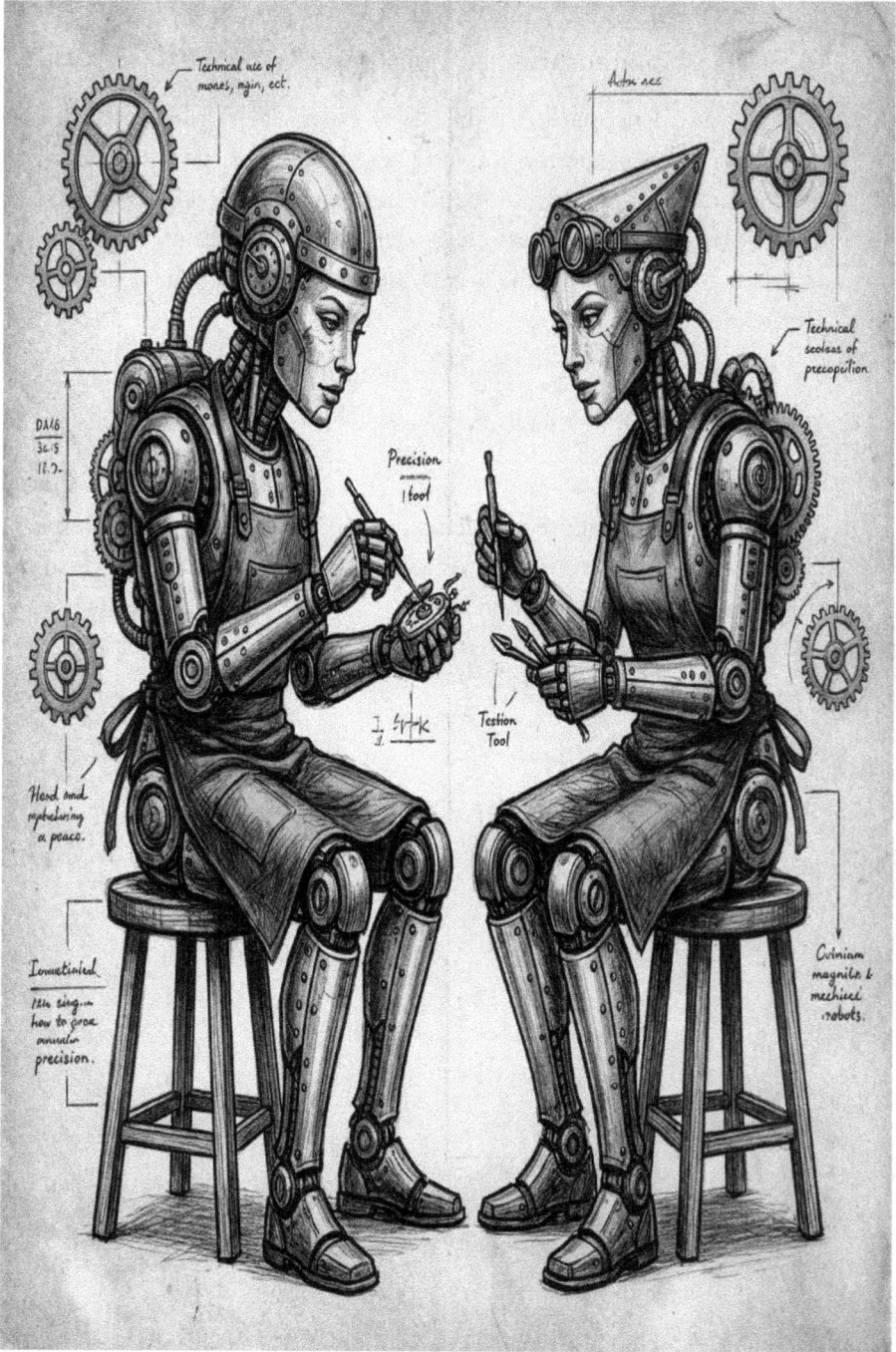

CAPÍTULO 10. Convivencia con Joe.

Joe seguía muy feliz. Me presentaba a todos. Me presentó a su madre, a su familia, a sus amigos; me llevaba a los mejores sitios de Brickell y Coral Gables. Siempre recuerdo el único consejo que me dio su madre, una de las mujeres más hermosas y fuertes de carácter que había visto en mi vida.

Me miró a los ojos y me dijo, delante de él:

"¿Ya viven juntos? ¿Y cuándo se casan?"

Yo me puse pálida de la vergüenza.

Ella añadió:

"Las relaciones son un compromiso serio. Tienen que casarse."

Joe la miró, me miró, se sonrió y dijo:

"Sí mamá, pronto."

Ellos se miraron de una forma cómplice. Pero yo, que siempre he tenido mi ojo, me di cuenta de que ella lo decía porque Joe era muy calanbero con las mujeres.

Joe, en más de una ocasión, me llevó a bailar. Es el mejor bailarín que he conocido. Era muy conocido en los sitios nocturnos, y siempre lo saludaban mujeres hermosas. Pero él siempre sabía darme mi lugar: se apresuraba a presentarme.

A las pocas semanas me doy cuenta de que no me había venido el periodo. Fui de inmediato a comprar un test a la farmacia. Y sí: dio positivo. Me lo repetí tres veces y todos positivos.

Joe y yo teníamos una relación de apenas 5 meses. Apenas nos estábamos conociendo. Nos cuidábamos mucho; siempre usamos protección, menos una vez.

Mi prioridad era traer a mi familia y ahorrar dinero, y si te soy sincera, yo no me creía capaz de cuidar a nadie. Salí del baño y él estaba en el cuarto. Y por primera vez, yo sentía que deseaba ser mamá. Era una sensación que hasta hoy recuerdo.

También recordé cuando perdí mi embarazo anterior y me dijeron que era O negativo de sangre. Yo no lo sabía. Eso significaba que debía tener más cuidados, entre ellos una vacuna llamada RhoGam, para que el bebé saliera con el mismo grupo sanguíneo de la madre.

Tampoco era recomendable tener más de tres embarazos.

Sabía que ese bebé sería mi primer hijo o hija. Era mi única oportunidad de ser madre. Y ya tenía 26 años.

Salí del cuarto con las piernas acalambradas y débiles de tanto tiempo sentada en la taza, pensando en cómo darle la noticia a Joe. Al decírselo, se quedó paralizado. Su única palabra fue:

"¿Estás segura?"

Se sentó en la cama, me miró y dijo:

"Yo no estoy preparado para tener un hijo. Este no es un buen momento."

Yo empecé a llorar desconsoladamente. Me vestí y salí a caminar. Las lágrimas no paraban; caían como agua de mi rostro.

Al volver, él estaba allí. Me dijo:

"Haz lo que desees hacer."

Sus palabras fueron claras, pero frías. Yo ya estaba acostumbrada. Fue muy parecido a Jesús.

Algo hizo un clic en mí:

"¿Por qué atraigo hombres así?"

Seguí con mi vida normal, pero yo ya no veía a Joe igual. Si algo tengo es que perdono, pero no olvido. Todo se me queda registrado en lo más profundo de mi cabeza.

Joe dio la noticia a su madre. Ella insistió nuevamente:

"¿Y cuándo se casan?"

Joe, casi obligado, dijo:

"Pronto mamá."

Yo seguía trabajando y terminando el proceso de mi mamá, que ya tenía entrevista. Joe siguió apoyándome en todas mis decisiones, pero estaba muy distante.

También me presentó a su hijo, que según él tenía 20 años… y resultó tener 35. Es decir, Joe se quitaba 15 años. Enseguida le pedí que me mostrara su ID. Y sí: Joe me duplicaba la edad.

Aunque tenía un cuerpo perfecto, y tenía eso que me excitaba continuamente.

Todos me decían que traía un machito. Estaba muy delgada y mi barriga no crecía mucho. Fui a la farmacia y me hice otro test de sexo del bebé y todo indicaba que era machito.

Joe seguía sin mostrar mucha emoción.

Recuerdo que me ayudó a terminar los papeles de mi madre. Su hijo Joey nos ayudó de patrocinador. Llegó el día de la entrevista: todo salió perfecto. Mami y Yanet estarían aquí para diciembre.

Yo seguía trabajando en Graziano's para completar el dinero de los gastos. Yo disfrutaba cada cheque. Tener la capacidad de generar dinero y tener esa libertad de hacer lo que deseo, es algo que me hace sentir empoderada y llena de valor. Aunque también me gusta que mis hombres sean masculinos y productores.

Consejos del capítulo 10:

Cuando no formalizas legalmente una relación, esa relación fracasará. Porque no hay compromiso de mejorar, y los seres humanos tendemos a evadir las responsabilidades que nos requieren evolucionar y trabajar en nuestras heridas.

Es importante conocernos a nosotros mismos. La decisión de tener una familia es para toda la vida. Los hijos son una bendición, pero deben venir planificados. Es importante estar bien financieramente para poder darles una vida cómoda.

Es fundamental trabajar en nosotros mismos para educarlos con amor y no desde nuestras heridas. Un hijo es algo sagrado para toda la vida.

Edúcalos desde el amor y la paciencia.

Nunca maltrates físicamente a un niño, porque será un adulto violento.

Versículo final:

"Por encima de todo, ámense unos a otros intensamente, porque el amor cubre multitud de pecados." 1 Pedro 4,8

CAPÍTULO 11. Llegada de Lauren.

Joe estaba muy extraño y confundido; yo feliz y triste a la vez. Feliz por mi bebé, pero triste porque Joe no se veía feliz. Pasaron los días y fuimos a una reunión familiar con la familia de Joe. Allí dimos la noticia y todos nos felicitaron. La mamá de Joe insistía siempre en que nos casáramos. Fue tanta su insistencia con Joe, que él compró un anillo y me propuso matrimonio.

Jaki, la hermana de Joe, también me contó la historia del primer hijo de Joe. Él tenía un hijo de mi edad, al cual conocía poco. Según Jaki, la madre del hijo de Joe no era muy buena madre, y él le quitó la custodia y lo crió con la ayuda de su familia. Ahí entendí que Joe estaba traumado por la paternidad.

Pasaron los meses y llegó la revelación del sexo del bebé. Yo estaba segura de que era varón, pues compré varios tests de sexo en la farmacia y todos salían varón. Joe me acompañaba a las consultas, pero me esperaba abajo; nunca subía conmigo.

Subí, y mi peso era de 120 libras. Estaba muy delgada. La técnica empezó a hacerme el ultrasonido y el bebé no quería dejarse ver. Ella estuvo casi 10 minutos y nada. Me hizo un gesto y, por fin, se vio. Me dijo: "Esta niña va a ser muy presumida". Yo le respondí que no creía que fuera niña, pues los tests marcaban varón. Ella sonrió y me dijo: "Es niña, y se ve muy clara". Imprimió cinco foticos en varias posiciones.

Yo bajé con el sobre en la mano. Al llegar al carro, se lo pasé a Joe. Él, por pena, lo abrió y miró las fotos. Cuando vio la palabra "niña", sus ojos se llenaron de lágrimas. Empezó a repetir "Es una niña", y lloró de felicidad. Desde ese día todo cambió. Estaba más amoroso, más feliz, más atento a mí y a mis comidas.

Yo seguía trabajando para terminar de ahorrar el dinero para mi mamá y mi hermana. Fui en diciembre a buscarlas a Cuba para acompañarlas en el viaje. Mi madre estaba muy nerviosa. Viajé y las traje al otro día. Pasamos una Navidad felices. Y el 10 de abril del 2017 llegó mi bebé: una niña hermosa y saludable.

Me dieron de alta el día 13. Yo parí como si nada, y muy pronto estaba en casa. El 14 de abril ya estaba en Publix comprando la torta de cumpleaños para mi madre.

Los primeros meses todo iba muy bien. Yo seguía trabajando; solo me tomé un mes de descanso. La convivencia en familia era retante: mi mamá y mi hermana de 16 años recién llegadas de Cuba, mi bebé con sus nuevos hábitos, Joe con sus costumbres americanas… y yo tratando de mantener todo en equilibrio. Entre papeles de inmigración y muchos gastos, trataba de que todos me vieran bien. Pero me sentía agotada física y emocionalmente.

En poco tiempo empezamos a tener problemas en la comunicación. Joe, en varias ocasiones, me hablaba alto, y mi mamá se tensaba tanto que en una ocasión casi se desmaya. Joe golpeó la puerta. Discutíamos, y yo empecé a tenerle miedo. Le pedí que no discutiera delante de mi madre, pero él no se calmó. Terminé llamando a la policía y en menos de cinco minutos la casa estaba llena de oficiales. Ese día mi relación con Joe terminó. No hice un reporte de violencia doméstica para evitar que se lo llevaran preso.

Ahí conocí otra versión de Joe.

Decidimos vivir por un tiempo juntos hasta que yo lograra ahorrar dinero para independizarme. Yo estaba asustada. Mi situación empeoraba por segundos. Yo sola en este país, con mi mamá, mi hermana y mi hija.

Consejos:

• La maternidad debe vivirse en un ambiente armónico. La mujer atraviesa cambios físicos, emocionales y hormonales muy fuertes. Necesita apoyo, paz y comprensión. Un entorno tenso afecta la salud mental y la estabilidad de la madre y del bebé.

• A los inmigrantes que ayudan a sus familias a comenzar en los Estados Unidos: Enséñales a trabajar y a independizarse de inmediato. Si no lo haces, toda la carga caerá sobre ti.

• A un cubano le puede tomar entre 5 y 10 años cambiar su mentalidad. Venimos de un sistema completamente diferente, y adaptarse requiere tiempo. Vivir con la familia te mantiene en alerta constante, porque cada uno trae sus hábitos, sus miedos y sus creencias.

• De cada 10 matrimonios, 6 terminan separándose cuando la familia llega de Cuba. No todos aguantan la presión económica, emocional y cultural que esto genera. La convivencia forzada en un país nuevo crea roces, agotamiento y estrés.

• No trates de salvar a todos. Cada cual debe pelear sus propias batallas. Ayudar está bien, pero cargar con la vida de todos destruye tu paz y agota tu economía.

• Cuida tus finanzas.

No puedes hacerte cargo de todos los gastos que conlleva traer a un familiar a este país.

No es solo el pasaje: es enseñarles a trabajar, conducir, socializar, entender el sistema… Es un reto muy grande, y muchas veces termina consumiéndote.

• Pon límites desde el principio. Ayudar no es lo mismo que adoptar responsabilidades ajenas. Una mujer inmigrante necesita estabilidad, no convertirse en el sostén emocional y económico de toda la familia.

Versículo Católico:

"El Señor es mi fuerza y mi escudo; en Él confía mi corazón y Él me socorre." — Salmos 28:7

CAPÍTULO 12. Buscando un cambio.

Yo y Joe seguimos viviendo juntos, aunque nunca más como pareja. La bebé aún no cumplía ni 2 años. Mi madre aún no trabajaba y le daba miedo salir o hablar con personas. Solo me ayudaba a cuidar a la bebé. Yo ayudé a mi madre económicamente por el cuidado de mi hija. Pagué varios viajes a Cuba. Mis abuelos enfermaron. Yo seguía trabajando sin parar para pagar todo en la casa y para ayudar a Joe; también para pagar los medicamentos y viajes a Cuba de mi mamá.

Mis dos abuelos murieron. Yo estaba frustrada. Mis deudas en tarjetas de crédito crecían y mi salario no pasaba de 3,500 dólares. No lograba ahorrar ni un dólar. Vivía con mi cuenta sobregirada. A toda esta, no podía decir nada a Joe para evitar conflictos en la casa. Joe odiaba la palabra Cuba. Sabía que hablar de Cuba o de mi familia significaba gastos, y sabía que todo mi trabajo estaba dedicado a mis gastos en la casa y a mi familia en Cuba.

Joe se quedó sin trabajo. Se veía frustrado y yo empecé a pagar todo en la casa. Yo rezaba a Dios por encontrar algo que me ayudara a ganar más dinero. Me fui a Miami Dade College de la 27 Ave SW a mirar alguna oportunidad de estudio para mejorar.

Joe afortunadamente encontró trabajo. Él tenía uno de los currículums más exitosos que yo había visto. Su profesión era supervisor del cuidado de empleados en construcción y marítima. En los Estados Unidos ganan entre 120,000 y 150,000 dólares. Y al saber hablar perfectamente español e inglés, le daban trabajo rápido.

En mi búsqueda de mejorar económicamente pedí presupuesto para estudiar inglés y psicología, lo cual se salía de mi alcance. Terminaría endeudada por 10 años más y decidí que no. Con mi bebé pequeña, llena de deudas, y con mi madre sin entender mis finanzas, no quería provocarle más estrés. Lo único que podía hacer era llorar.

Decidí estudiar solo inglés de noche. Trabajaba en las mañanas, pasaba por la casa a ver a mi hija de 4 a 5 pm, y salía rumbo a la escuela hasta las 9:30 pm. Muchas veces llegaba y ya mi bebé estaba dormida. Así pasaron dos años. Yo enfocada en cada plan. Descansar no era una prioridad. Sentía que mi cuerpo no daba más: agotada física y mentalmente.

Terminé mi inglés. Pasé mi examen de ciudadanía americana, y al ver aquel pasaporte americano algo en mí recargó mis fuerzas. Sentí que cada sacrificio había valido la pena. Fui corriendo a poner la carta de reclamación de mi padre ese mismo día. Esa era otra de mis metas, y cuando algo se me mete en la cabeza, voy por ello. No importa cuánto me tome, pero lo consigo. Trabajo duro por mis metas.

Yo seguía trabajando sin parar. Hice varios cursos: RBT, Real Estate... pero conseguir palancas era difícil; yo no conocía a nadie.

Pero seguí rezando a Dios. Y recuerdo estar en Graziano's, en mi puesto de trabajo, cuando empezaron a pasar cosas extrañas. Una señora pasó y me regaló una pequeña Biblia. Aún la conservo. Al día siguiente, otro señor me regaló una estampita de Dios. Esta vez me ericé completa y un frío invadió todo mi cuerpo.

Pasaron varios días y otro señor se detuvo a hablar conmigo. Se asombró con mi historia. El señor Luis era un trabajador social que ayudaba a mujeres desamparadas. Él empezó a pasar y siempre me llevaba información. Me validaba. Me decía: "Aris, tú eres una super mujer. Eres increíble." Empecé a sentirme grande, y mis fuerzas comenzaron a florecer nuevamente.

En Graziano's se veían mujeres bien vestidas, hermosas, elegantes. Yo quería ser una de esas mujeres importantes que ganaban mucho dinero. Yo soñaba con trabajar en un banco. Ese día, después de pedir a Dios por señales, se paró una mujer frente a mí. Estaba elegante, hermosa y segura. Me dijo: "Me encanta tu carisma. Pásame tu teléfono. Tengo una oportunidad para ti." Al salir del trabajo, ya tenía su mensaje.

Consejos:

Es tu responsabilidad evolucionar y crecer. Miami es la ciudad más cara que conozco; por eso, nunca dejes tus metas y sueños en las manos de nadie. Ve y lucha por tus sueños con determinación.

Mantente atenta a los mensajes de Dios. A veces llegan de la mano de una desconocida, en un gesto simple o en un encuentro inesperado.

Vive sin miedo. No juzgues, observa, aprende y mantente agradecida, porque Dios siempre enviará tus bendiciones en el momento perfecto.

Versículo:

"Porque yo sé los planes que tengo para ustedes —oráculo del Señor—, planes de bienestar y no de calamidad, para darles un futuro y una esperanza." — Jeremías 29:1

CAPÍTULO 13. Oportunidad de Profesión y Negocio.

Llegó ese día de reunirme con la señora Azury Puig en la cafetería Panera, en Coral Gables. Yo muy emocionada porque estaba segura de que esa era la oportunidad que le había pedido a Dios. Llegué 30 minutos antes a la reunión. Yo, enseñada por mi padrastro a ser puntual. Mi padrastro, criado con un estilo militar, me decía que la palabra y la puntualidad de un hombre te demuestran su valor.

Pasaron 30 minutos y Azury nunca llegó. Me fui a casa muy triste. Más tarde ella llamó disculpándose. Yo seguí sin perder mi esperanza.

Mi casa era un caos. Mi niña empezaba a crecer muy nerviosa; mi mamá la sobreprotegía mucho. Empecé a notar que a mi bebé le sudaban sus manitas y decidí llevarla yo misma al parque. Allí me di cuenta de que era la única niña que no se tiraba por la resbaladera. Me sentí una pésima madre. Había perdido la oportunidad de disfrutarla. Decidí pasar más tiempo con mi hija, hacerla sentir libre y feliz. Ella empezó a cambiar, a integrarse, a sonreír más.

Busqué un sitio donde interactuara con otros niños. Costaba 1,000 dólares al mes. Afortunadamente Joe se hizo cargo. Él me apoyaba en todo y ambos estábamos enfocados en ser los mejores padres.

Un día, finalmente, Azury me llamó para vernos. Yo quería decirle que era una informal, pero me contuve. Nos reunimos. Ella me mostró una presentación que no entendí. Ella lo notó. Entonces me preguntó cuánto ganaba. Le respondí 3,500 dólares. Ella sonrió, abrió su tablet y me mostró su ingreso del mes: 12,000 dólares. Yo, orientada al dinero, sentí que esa era la oportunidad que le había pedido a Dios.

Le dije que sí de inmediato. Ella me citó para el sábado en la oficina para la clase de la licencia. Yo trabajaba los sábados, pero ella dijo: "Tu trabajo no va a quebrar porque faltes un día." Y fui.

Llegué en mi Nissan Juke y vi en la entrada Rolls-Royce, Ferraris, Mercedes, BMW. Allí había éxito y dinero real. Y yo quería eso. Al entrar sentí una energía poderosa. Era mi sitio, mi tribu, mi ambiente.

Siempre he querido rodearme de gente más inteligente que yo. Me gusta elevarme. En menos de un mes ya tenía mi licencia, patrocinada completamente por Primerica. Sin deuda estudiantil. Solo pagué mi récord policial.

Primerica me abrió un camino. Yo seguía trabajando, cuidando de mi hija y emprendiendo una carrera profesional nueva, real, poderosa.

Consejos:

Hay personas que llegan a tu vida para mostrarte lo que tú necesitas cambiar. Yo era muy perfeccionista y rígida, con un estilo de vida casi militar, porque así me educó mi padrastro. Eso funcionó en Cuba, pero no en Estados Unidos.

En EU, y especialmente en ventas, hay que ser flexible, fluida y adaptable.

Azury vino a entrenarme en cosas que yo no sabía. Vino a mostrarme una versión nueva de mí.

Recuerda siempre: tú eres energía y atraes exactamente lo que eres.

Versículo:

"Todo lo puedo en Cristo que me fortalece." — Filipenses 4:13

CAPÍTULO 14. Cambio de mentalidad.

Yo seguía en mi entrenamiento. Azury y yo chocábamos continuamente: ella nicaragüense y yo cubana. Yo traía una mentalidad de pobreza muy grande.

Mi primer entrenamiento fue hacerme mi análisis financiero. Casi me muero al hacer un ejercicio en la calculadora de mi teléfono. Azury me dijo: "Aris, ¿cuánto llevas fuera de Cuba?" Le dije: 15 años. "¿Y cuántos años has trabajado?" Le respondí: siempre, desde que salí de Cuba. "¿Cuánto ganas aproximadamente al mes?" Le dije: 3,500 dólares. "Multiplica eso por 12 meses y luego por 15 años." El resultado fue 630,000 dólares. Yo no lo podía creer. Había tirado 20 años de trabajo que nunca podría recuperar.

Luego me explicó las cuentas de retiro, las cuentas escolares, las cuentas de corto, mediano y largo plazo, y el seguro de vida. Ese seguro lo tomé de inmediato. Un seguro de vida no se compra, se cualifica. Pasé mi chequeo y salí clienta preferida. Me aprobaron 2,000,000 por 150 dólares al mes, garantizado por 35 años y renovable hasta los 95. Mi hija sería la beneficiaria y otra parte cubriría la deuda de la casa, casi 500,000 dólares. Ese seguro cubría todo en caso de yo faltar.

Hice testamento. Empecé a ahorrar e invertir cada comisión. Seguí trabajando, aprendiendo y estudiando. Me faltaban dos licencias para ser RVP. Entrenar era duro. Para tener éxito debía renunciar a ser la salvadora de mi familia, y eso me dolía. No podía dejar de trabajar en restaurantes; debía sacar adelante a mi familia. Joe amenazaba con quitarme a Lauren si me iba de la casa sin saber hacer dinero. Yo sabía que no podía dejar de trabajar o perdería la custodia.

Me sentía en un callejón sin salida. Mi mamá no lograba estabilidad. Afortunadamente, Yanet encontró un buen hombre y se independizó. Joe empezó a sentirse mal; le daban mareos y fuimos dos veces a emergencia.

Consejos:

Cubanos o inmigrantes: recuerda que lo que aprendiste en Cuba no te ayudará en Estados Unidos.

En Cuba no se paga renta. En Cuba un familiar te da un plato de comida. En Cuba, si tú mueres, tus hijos los crían los abuelos o los tíos. En Cuba nadie se queda en la calle.

Pero en Estados Unidos, o cualquier país extranjero, estás entre la vida y la muerte.

Valora cada dólar. Cada minuto de tu esfuerzo. Si tienes hijos, ten un testamento y todo por escrito. Aquí todo se resuelve con abogados.

Aquí o eres depredador o serás cazado. Es la ley del más fuerte. Los débiles de carácter perecen. Cada paso mídelo bien.

Versículo:

"Señor, tú eres mi roca y mi fortaleza; en tus manos encomiendo mi espíritu." — Salmo 31:3-5

CAPÍTULO 15. Despertar de Conciencia y Autoconocimiento.

Yo seguía en mi entrenamiento. Azury era una gran líder. Estudió finanzas en la universidad aquí en Estados Unidos, sabía tres idiomas y tenía diez años de experiencia en el negocio de PRIMERICA. Pero su carácter era fuerte y yo seguía un poco imponente ante su autoridad.

Recuerdo haber entrado a dos oficinas de dos RVP diferentes para pedir consejos adicionales. Una de esas oficinas fue la del RVP señor Carrillo, un hombre muy sabio en inversiones. Le hice algunas preguntas mientras yo anotaba sus respuestas en una libreta. Pero en una de esas, me miró directamente a los ojos.

Yo sabía que aquel hombre estaba a punto de decirme algo importante; sentí ese frío que me invade el cuerpo cuando algo trascendental va a pasar. Me dijo: —¡Aris! ¿Por qué no te sientes merecedora del éxito? Eres una mujer increíble. Mi cuerpo se tensó y analicé la pregunta. Él continuó: —Antes de ser exitosa en este negocio, debes perdonar y abrazar a tu niña interior.

Si soy sincera, pensé por dentro: "Este hombre está loco". Salí de allí con esa espinita adentro. Fui directamente a la oficina de Azury y empecé a buscar información sobre el tema.

Para mi sorpresa, grandes psicólogos hablaban sobre esto. Yo nunca quise ir a un psicólogo o a terapia; en Cuba eso era un tabú y yo no estaba loca. Tampoco quería tener un récord y que Joe lo usara para quitarme a mi niña.

Aquí los médicos anotan todo en esas computadoras. Pero sí empecé a buscar información en YouTube y redes sociales.

Seguí a varias psicólogas:

• Marisa Peer en español

• Belkis Carrillo con su academia Psicoespacio

• Cecilia Alegría, conocida como La Doctora Amor

Fue en la información de Cecilia donde me detuve. Vi que tenía un club de mujeres. Al ser una mujer de Dios, tenía talleres muy económicos, y fui de inmediato a conocerla. Cuando nos vimos, fue como si nos conociéramos de toda la vida. Me abrazó, y fue como si me hubiera estado esperando.

Con ella comenzó mi proceso de sanación emocional. La segunda oficina en la que entré fue la de Yosi, otra RVP. Le mostré mis listas de contactos y se quedó impresionada con mis resultados en tan poco tiempo en el negocio.

Ella también me miró a los ojos y me dijo: —Aris, mi consejo para ti es que trabajes en tu fe y en tu gratitud.

Me quitó mi chaser, y con su puño y letra escribió las afirmaciones que debía repetirme cada mañana y la gratitud diaria. Salí feliz de allí, y por primera vez deseaba seguir consejos.

Otro líder que me ayudó mucho fue Arquímedes. Él formaba parte del equipo de Azury y tuvo la paciencia de enseñarme la presentación de PRIMERICA, para que yo empezara a practicarla sola, sin depender de Azury.

Consejo:

Nunca ignores los avisos del alma. Cuando Dios te envía maestros, líderes o mensajes repetitivos, te está preparando para un cambio interno mayor.

El autoconocimiento no es un lujo; es el puente que te permite avanzar sin cargar heridas antiguas. Sana, perdona y crece: la mujer que deseas ser está esperando que des el primer paso.

Versículo:

"Sobre toda cosa guardada, guarda tu corazón, porque de él mana la vida." — Proverbios 4:23

CAPÍTULO 16. Desarrollando el Liderazgo.

En poco tiempo empecé a tener una confianza en mí que jamás había experimentado. Me aprendí la historia de PRIMERICA y quedé enamorada de la valentía de Art Williams. Entendí por qué solo vendía seguros de vida a término. Estudié y aprendí todos sus servicios; los repetía como un papagayo hasta memorizarlos.

Ese día llegué a la oficina y eché varios folletos en mi cartera donde hablaban de la compañía, explicando que era pública y con todo claro en español. Me hice mis tarjetas del negocio con mi foto y toda mi información, incluyendo la dirección física de la oficina. Ya me sentía más confiada y merecedora, y salí a la calle sola, decidida a tener resultados.

Azury acababa de tener a su segundo hijo y le era difícil acompañarme, aunque siempre estaba disponible por teléfono para ayudarme con cada cliente. Yo salí y, en menos de tres meses, sabía hacer el trabajo perfectamente.

Al visitar varios negocios, me di cuenta de un problema muy grande en Miami. En la industria de seguros de vida estaban engañando a muchas familias con una póliza llamada IUL. Algunos agentes de otras compañías mentían diciendo que esta póliza era una cuenta de retiro, y eso era totalmente falso.

Yo entrené a varias familias para que entendieran esta mentira. Les decía:

"Coja su teléfono y usted misma va a llamar a su compañía y va a preguntar exactamente lo que le diré."

En las llamadas grabadas, aquí en Estados Unidos, no se puede mentir porque todo queda registrado. Ellos mismos terminaban llorando al descubrir la verdad.

Una de esas familias, la familia Yera, tenía tres pólizas. En esa familia, la compañía me permitió entrenar a una de sus hijas. Ellos eran empresarios y, si aprendían esto, me traerían más clientes. En esa familia vendí mis primeros 10,000 dólares.

Repetí este proceso con tres familias más: familia Acosta y familia Cueto. Ya sabía hacer 30,000 dólares al mes. En menos de un año, sabía hacer el trabajo y entrenar a nuevos agentes. Fui promovida al cargo de Division Leader. Tuve resultados muy rápidamente y me sentía tan orgullosa de mí.

Daba gracias a Dios cada día por la gran bendición que había llegado a mi vida.

Pasé de aprender a poner cafés a asesorar a una familia en sus finanzas. Ese fue un paso de gigante.

Yo no me perdía un entrenamiento. Otro líder, Miguel, nos entrenaba en desarrollo personal y liderazgo. Nos enseñaba con los más exitosos en ventas de todas las industrias: Grant Cardone, Bob Proctor, Anthony Robbins, John Maxwell y Joe Dispenza.

Miguel tenía algo que, al escucharlo, me molestaba. En poco tiempo descubrí que él era auténtico, y eso era algo que yo había perdido. Yo había dejado de ser auténtica para tratar de encajar en muchos lugares. Él hizo otro "clic" en mí. También hablaba un poco fuerte, y me di cuenta de que debía trabajar en mi carácter y en mi disciplina.

Y empecé a trabajar en mí.

Otra líder, Claudia, hizo una comparación entre ser empleada y ser empresaria. Allí comprendí que como empleada jamás alcanzaría mi sueño de ser multimillonaria.

Yo estaba feliz por tanto entendimiento y desarrollo dentro de mí.

Consejo:

El liderazgo verdadero nace cuando decides dejar de huir de tu propósito. No necesitas ser perfecta; necesitas ser valiente, constante y enseñable. Cuando tú creces, tu mundo crece contigo.

Versículo:

"Todo lo puedo en Cristo que me fortalece." — Filipenses 4:13

CAPÍTULO 17. Poner Orden en Mi Casa.

Yo seguía trabajando en la oficina y como mesera. Seguía viviendo en la misma propiedad con Joe y mi mamá y estábamos esperando a que mi padre llegara, porque también le había hecho la reclamación a él. El entorno en mi casa era un caos: entre cubanos recién llegados, Joe con costumbres americanas y Lauren creciendo en un ambiente poco saludable. Había días en los que yo no deseaba llegar a casa. Aun con muchas deudas, seguía ayudando a mi familia en Cuba. Empecé a construir dos casas en Cuba, que comenzaron con un presupuesto de 20,000 dólares y terminé pagando 50,000, porque Cuba era un pozo sin fondo.

Por otro lado, en la oficina se presentaban más retos. Aún me faltaba aprender mucho; mi carrera estaba a la mitad. Otro reto familiar se presentó: Joe fue diagnosticado con un tumor cerebral. Esa noticia nos dejó impactados. Yo no era su pareja, pero era el padre de mi hija y el hombre que me apoyó con mi familia en este país.

Lloramos tanto. Yo lo acompañé y apoyé en cada momento. Fuimos a varios psicólogos; tanto Lauren, Joe y yo. Nos prepararon mentalmente. En Estados Unidos los médicos son duros y claros. El diagnóstico de Joe era que, una vez pasada la operación, quedaría como un vegetal: no reconocería a nadie, no podría caminar ni hablar. Y por su edad, podría no soportar la operación.

Recuerdo ese día como si fuera hoy. Algo poderoso dentro de mí hizo que tomara a Joe de la mano y a mi hija de la otra mano, y le dije: "¿A ti no te pasará nada de eso? Tú vas a estar bien, y Dios está con nosotros."

Al otro día era la operación. Yo a su lado, orando, y no permití que nadie llorara. Él entró y, después de cuatro largas horas, nos llamaron. Joe tenía la cabeza cubierta como con un casco y aún dormía. El doctor nos dijo que no había podido sacar el tumor, que solo había hecho una biopsia. Pero que Joe había respondido bien.

Joe abrió los ojos y comenzó a llorar sin parar. Yo lo calmé y le dije:

"¿Viste los milagros que hace Dios?" Los dos lloramos sin parar. Hoy Joe es un hombre saludable, vive con una masa benigna en su cerebro, trabaja y hace una vida normal. Fueron tiempos muy difíciles.

Seguíamos viviendo en la misma propiedad. Pensábamos que eso era lo mejor para Lauren, que ya pasaba los siete años. Uno de esos días, celebrando Navidad en familia, Lauren miró a Yanet y a César, luego nos miró a Joe y a mí, y dijo:

"Mami, ¿por qué tú y papi no se besan como tata y César?"

Yo sentí una vergüenza conmigo misma. Pero le respondí: "Hija, porque tata y César son novios, y papá y yo somos amigos. Vivimos juntos hasta que mamá pueda comprar otra casita."

Y ella me dijo: "Mamá, cuando tengamos una casita, tú tendrás novio y papá tendrá novia."

Y todos sonreímos. Lauren es inteligente y rápida en sus conclusiones. Desde ese día, algo en mí sabía que debía dar un ejemplo diferente a mi hija.

Esa misma Navidad quedé en cenar con Jessica, una gran amiga mexicana y abogada. Yo, tratando de aparentar estar feliz, escuché cuando Jessica —tan inteligente y astuta— me preguntó:

"¿Qué pasa? ¿Pasa algo con tu familia?"

Ella sabía que algo me ocurría. Le dije: "No sé si estoy siendo un buen ejemplo para mi hija."

Y ella me miró a los ojos y me dijo:

"¿Tú eres feliz, Aris?"

Sentí esa sensación que me avisa cuando se viene una verdad importante. Le respondí: "No, pero no sé cómo salir adelante sola con mi familia. Tengo mucho miedo."

Ella me tomó la mano y me dijo:

"Aris, si tú no eres feliz, tu hija y tu familia no serán felices. Ocúpate de tu vida. Has hecho mucho por todos. Tú mereces ser feliz. Mereces darte otra oportunidad en el amor."

Eso fue como una semilla que se quedó dentro de mí. Me fui a mi casa decidida a hacer cambios. Le dije a mi madre que debía trabajar para que pudiéramos independizarnos. Salimos a buscar trabajo para ella. Afortunadamente lo conseguimos y ella estaba feliz, y yo más. Mi madre no solo encontró trabajo, también encontró novio y se independizó. Hoy está muy feliz y es mi vecina.

Mi padre llegó a Estados Unidos y le conseguí trabajo. Desde que llegó se ocupa de todos sus gastos. Su entrenamiento fue más rápido.

Fui y busqué el bufete más exitoso de Coral Gables y empecé el proceso de la custodia de mi hija Lauren.

Y el 1 de enero de 2026 es el renacer de una nueva Aris: una nueva versión donde su única prioridad será hacerme feliz y plena en todas las áreas de mi vida.

Consejo:

Pon orden primero dentro de ti y el mundo exterior se acomodará. No temas cerrar ciclos; teme quedarte donde ya no creces. Tu hija merece ver a su madre libre, fuerte y feliz.

Versículo:

"El Señor es mi luz y mi salvación, ¿a quién temeré? El Señor es la fortaleza de mi vida, ¿de quién he de atemorizarme?" — Salmo 27:1

CARTA A MIS PADRES

Amada madre Edelvis.

Eres la mujer más increíble que conozco.

Gracias por permitirte crecer, nunca te detuviste.

Gracias por modelarme el ser una mujer independiente.

Gracias por enseñarme a poner a Dios en un primer plano.

Gracias por tus rezos y por desarrollar ese ángel de la guarda que nunca me abandonó. Sentí cada una de tus oraciones, aunque no estuviera a tu lado.

Gracias por enseñarme que ningún dinero del mundo puede comprar el amor.

Gracias por tus valores.

Perdóname si no fui una buena hija, gracias por tu ejemplo. Te amo.

A mi padre Armando (Mandy).

Papi, gracias por enseñarme a ser libre, nunca escuché un "no" de tu boca.

Gracias por enseñarme que este mundo está lleno de oscuridad y que tenía que sobrevivir en él.

Gracias por los consejos que me diste a medias y hoy, siendo una adulta consciente, los puedo entender.

Gracias por enseñarme que el dinero es la ficha más importante que existe para alcanzar las metas y sueños. Hoy sé usarlo de una manera más sabia.

Gracias por siempre cumplir cada uno de mis caprichos. Hoy entiendo que tu forma de amar es sostener económicamente, y eso está bien. Cada ser humano ama de una manera diferente y sé que me amas, aunque no sepas abrazarme.

Hoy que después de adulta tuve la oportunidad de vivir contigo, sé que me diste más de lo que tenías para ti. Hoy te abrazo, aunque sea obligado. No creas que fracasaste como padre o como hombre. Dios sabe que no fue tu culpa ser así. También elegiste mujeres muy rotas. Atraemos lo que somos. Lo bueno es que hoy es un buen día para empezar a hacerlo mejor.

Dios nos ama, Él murió por nuestros pecados y te comportaste como un ser humano. Ninguno es perfecto.

Te amo y te amaré siempre y sé que lo mejor está por venir. Hoy tienes la oportunidad de hacerlo mejor.

Versículo Católico:

"Honra a tu padre y a tu madre, para que se prolonguen tus días sobre la tierra que el Señor, tu Dios, te da." Éxodo 20:12

CARTA A MI HIJA LAUREN

Mi amada hija, mi luz, mi inspiración. Eres la luz que vino a darle sentido a mi vida. Desde que naciste, cambiaste mi vida y quise ser un ejemplo para ti. Eres hija de dos grandes seres humanos, traes el liderazgo en la sangre. Recuerda siempre que tu Padre es Dios. Mamá y papá fueron un puente para que llegaras a este mundo, pero eres hija del Altísimo, del Rey de Reyes. Y como princesa debes actuar.

Valórate. Respétate. Ama cada parte de ti. Eres perfecta. Eres amada. Y si algún día necesitas un consejo, busca un profesional; nunca pidas consejos a personas que no son un ejemplo exitoso en lo que deseas saber.

Es importante que sepas que este mundo está compuesto por dos partes: una muy oscura y otra que es luz. Ir hacia la luz es vivir cada día para hacerte feliz a ti. Tú debes ser tu lugar favorito; pasar tiempo contigo a solas debe ser un ritual. Sé tu mejor amiga. Ten diálogos internos saludables. Ten una buena actitud. Respeta a cada persona que pase por tu camino. Sé humilde y amable por dondequiera que pases. Sé honesta, cuida tu palabra y cumple cada promesa que hagas.

En esta vida habrá subidas y bajadas, pero debes aprender a levantarte más sabia y fuerte. Tu madre está orgullosa de ti, hagas lo que hagas, y siempre te amaré. Nos vemos en la cima. Ama cada día como si fuera el último.

Te amo, hija, y perdóname si no fui una buena madre. Perdona mis errores. Te di lo que tenía para dar. Hoy mamá se entrena para ser mejor.

Versículo Católico:

"Antes que te formara en el vientre, te conocí; antes que nacieras, te consagré."

Jeremías 1:5

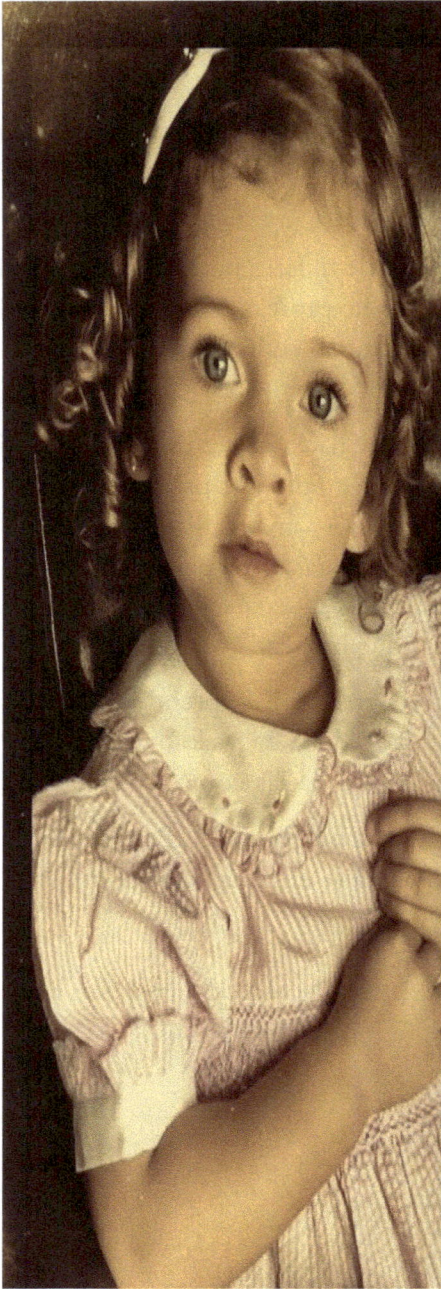

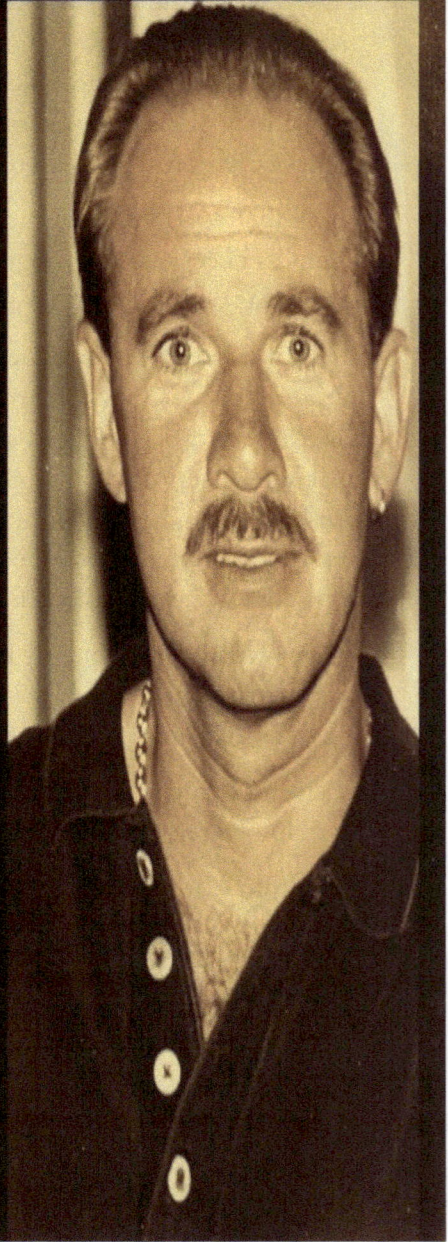

CARTA A MIS HERMANOS

A mi hermana Arleny.

Te amo hermana, eres de las personas más inteligentes que conozco. Gracias por tu compañía, gracias por hacerme las tareas desde niña, siempre fuiste muy inteligente. Gracias por seguir mis consejos y gracias por tu respeto hacia mí. Sé que me amas y me respetas. Las dos sabemos que somos diferentes, pero nos amamos. Estoy orgullosa de ti y sé que triunfarás si te dejas guiar. Gracias por darme a mi primera sobrina, mi amada Vanessa.

A mis hermanas Ailin y Ailen.

Verlas nacer y cuidarlas desde pequeñas fue una bendición para mí. No hemos sido muy cercanas, pero sé que son dos niñas muy talentosas y estoy segura de que serán mujeres muy exitosas. Mi consejo para ustedes es que deben ocuparse de perdonar a papá. Su padre siempre se ocupó de ustedes, les dejó una casa, las felicitó cada cumpleaños y les dio lo que pudo dar en esa época tan difícil para él. Sé que mi padre las ama profundamente. Aprendan a perdonar para ser mujeres sabias. Las amo siempre.

A mi hermano Juan Armando. Amado hermano, eres un niño de Dios. La vida para ti no ha sido fácil, has cargado con un peso emocional muy duro. Debes perdonar a tu mamá y a tu papá. Has carecido de abrazos y consejos, pero aun así has seguido adelante. Estoy muy orgullosa de ti, gracias por respetarme y agachar tu cabeza cuando te doy un consejo. Si curas tu niño interior, si perdonas a tus padres, serás un hombre muy exitoso. Cuidado con las mujeres que eliges, para que no repitas historias ni patrones del pasado. Sé que serás muy exitoso porque sabes escuchar, y un hombre que sabe escuchar consejo llega lejos. Te amo, nos vemos en la cima.

A mi hermana Yanet. Mi niña hermosa, eres especial, criada por mi madre y mi padrastro. Eres la creación perfecta, una mezcla entre respeto y delicadeza. Eres amor puro, en tu corazón solo hay espacio para el amor y el perdón. La vida para ti no ha sido fácil; pasaste por mucho dolor de joven, ver morir a tu padre sin poder salvarlo, has sufrido acoso. Pero nada te ha detenido, tu fortaleza es única. Gracias por darme los sobrinos más hermosos y por mostrarme una vida en pareja hermosa. Estoy muy orgullosa de ti y César, son unos excelentes padres.

A mi sobrina Vanessa. Amada sobrina, eres como una hija para mí y sabes que siempre podrás contar con tu tía. Sé que serás una mujer exitosa. Sé que serás ejemplo de superación personal para muchas mujeres. Tía te ama infinitamente.

Mensaje final:

A todos luchen por ser mejores seres humanos, trabajen en su autoconocimiento y conciencia. Hagan crecimiento personal y hagan ejercicio físico. Y no dejen sus sueños en las manos de nadie. Ustedes tienen corazón de león como mi padre. Desarrollen su fe en Dios y sepan que son hijos del Altísimo. Nunca se sientan solos ni en peligro. Hay ángeles muy poderosos cuidando cada uno de sus pasos y ningún mal los tocará. Caminen sin miedo y escriban su historia. Estaré aquí para leerlas y disfrutar de cada una de sus victorias.

Versículo Católico:

"El ángel del Señor acampa alrededor de los que le temen y los defiende."

Salmos 34:7

CARTA A LOS HOMBRES Y MUJERES DE MI FAMILIA

Familia Fernández – González – Tamayo – Reyes.

A los hombres de mi familia.

Hombres, aprendan a amar, respetar y honrar a sus mujeres. Aprendan a modelar carácter para sus hijos varones. Tengan cuidado con el alcoholismo; el alcohol ya se llevó a muchos seres queridos. No repitan patrones destructivos.

Honren su hogar. No inviten a cualquiera a su casa. La casa es un templo, y todo lo que un niño ve y escucha se convierte en referencia para su vida adulta. Abracen a sus hijos, denles cariño y bendíganlos con palabras. Un niño que crece sin afecto desarrolla heridas profundas que le costará sanar.

Recuerden: sus hijas elegirán hombres como ustedes, y esos hombres llevarán su legado a las próximas generaciones.

A las mujeres de mi familia.

Las amo y las respeto. Honro a mi madre por nunca dejarse menospreciar por un hombre. Agradezco que se haya dado otra oportunidad y me haya modelado otra forma de vida familiar.

He visto a muchas mujeres de mi familia sufrir por amor. El amor no se exige, el amor se cultiva. Una mujer sabia controla sus emociones y su boca para no humillar a su hombre delante de la familia.

Tener hijos o estar casada no garantiza que un hombre se sienta amado; el amor se construye cada día con acciones, respeto y tiempo de calidad. Cuando castigas sexualmente a un hombre, lo haces vulnerable a tentaciones. Ser madre es un rol y ser mujer es otro muy distinto.

Tus hijos crecerán y se irán; tu esposo es quien se queda contigo hasta el final. Por eso, honra, cuida y valora a tu hombre. Nunca lo maltrates.

CARTA A MIS COMPATRIOTAS CUBANOS

Queridos hermanos cubanos:

Después de 20 años fuera de nuestra tierra, he tenido la bendición de recibir apoyo, amor y oportunidades de personas de muchas nacionalidades. Seres humanos extraordinarios que han sido instrumentos de Dios en mi camino. Pero hoy quiero hablarles directamente a ustedes, mis compatriotas, desde la verdad, la experiencia y el deseo profundo de que crezcan y prosperen.

Cuando sales de Cuba, debes entender algo fundamental: Cuba lleva más de 100 años de estancamiento, mientras que el resto del mundo ha avanzado, crecido y evolucionado. Nosotros venimos del subdesarrollo, y eso significa que nuestra capacidad de entendimiento, visión y adaptación puede estar muy por debajo de quienes han vivido toda su vida en sociedades desarrolladas.

Por eso, no subestimes jamás a la persona que te tiende la mano. No creas que sabes más que quien ya recorrió el camino. Allá afuera, la humildad es tu llave, la escucha es tu herramienta y la disciplina es tu mayor aliada.

Aprende a escuchar.

Aprende a dejarte guiar.

Aprende a ser enseñable.

Si deseas ser exitoso, empieza aceptando que no lo sabes todo y que la vida te está dando la oportunidad de comenzar de nuevo.

Recuerda siempre: ni el mundo ni Dios te deben nada. Todo lo que deseas debe construirse con esfuerzo, constancia y carácter. El éxito no viene en ascensor. Viene en escalones. Y cada escalón se sube con trabajo diario, sacrificio y enfoque.

Y a mis mujeres cubanas, mis hermanas de lucha y de sueños:

Muchas siguen creyendo que un hombre vendrá a salvarlas.

Despierten, hermanas.

La única persona que te puede salvar eres tú misma.

No pongas tu vida en manos de nadie.

No esperes milagros que tú misma puedes crear.

Ve a tu siguiente versión, elévate, trabaja en ti, y deja de esperar que alguien más te rescate.

Porque cuando tú cambias, tu vida cambia. Cuando tú creces, tu mundo se expande. Y cuando tú crees en ti, todo lo demás se acomoda.

Con amor, verdad y propósito, Arisleny.

CARTA A LOS INMIGRANTES

A ti, que has dejado tu tierra, tu acento, tus costumbres y parte de tu corazón en otro país, quiero hablarte desde mi experiencia, desde la mujer que también cruzó fronteras buscando oportunidades, dignidad y una vida mejor.

Llegar a un país nuevo no es fácil. Nadie te prepara para el silencio, para la nostalgia, para la soledad, para tener que empezar de cero aun cuando ya habías construido tanto en tu país de origen.

Pero quiero recordarte algo: si Dios permitió este camino, es porque Él sabe de qué estás hecho.

No estás roto. No estás atrás. No estás perdido. Estás creciendo.

Permítete sentir, pero también permítete avanzar:

• Aprende rápido.

• Rodéate de personas que quieran verte prosperar.

• Ahorra, aunque sea poco.

• No vivas de apariencias.

• Establece metas claras.

• Honra tu trabajo, pero no te quedes estancado.

• Prepárate: en Estados Unidos, la educación financiera no es un lujo, es una necesidad.

Aprende sobre tu crédito, tus impuestos, tus seguros, tu retiro, tus inversiones.

Cada dólar cuenta. Cada decisión cuenta. Cada esfuerzo te acerca.

Y recuerda: no viniste solo a sobrevivir. Viniste a prosperar, a crecer, a crear un futuro digno para ti y para quienes amas.

No te compares con nadie. Cada inmigrante tiene su propio proceso. Confía en Dios. Confía en tu visión. Confía en tu propósito. Eres valiente. Eres capaz. Y estás exactamente donde debes estar.

CARTA A LOS PADRES BENDECIDOS POR DIOS

Ser padre o madre es un privilegio divino. Dios te confió un hijo para que fueras guía, ejemplo y dirección. Un hijo no sigue tus consejos; un hijo modela tu historia, tus decisiones, tu conducta. Cuida lo que modelas, porque la infancia es la raíz de un adulto emocionalmente sano.

Un niño antes de los 10 años construye su identidad y su carácter. Sé coherente, firme y presente. Recuerda: vienes a amar a tu hijo, y tu hijo vendrá a enseñarte cuánto necesitas crecer en paciencia, amor, carácter y disciplina. No exijas lo que tú aún no eres. No descargues sobre ellos tus batallas internas. Tus hijos son hijos, no tus amigos, ni tus consejeros. Busca ayuda profesional para resolver tus conflictos, no los cargues con tus problemas.

Nunca eduques con maltrato físico. La violencia no forma; destruye. Un hijo golpeado se convierte en un adulto violento, impulsivo o temeroso. El respeto se siembra con amor, límites claros y ejemplo.

Protege a tus hijos adolescentes. Aléjalos de la pornografía, que distorsiona la mente, corrompe la inocencia y daña la capacidad de amar con pureza. Si no vas a dar consejos coherentes, no los des. Busca profesionales capacitados que los ayuden a trabajar su identidad, su autoestima y su sexualidad desde la verdad y el respeto. Enséñales a confiar en sí mismos y a respetar a los demás.

Valida a tus hijos cada día. Diles que los ves, que los escuchas, que lo que sienten importa. Abrázalos. Un abrazo oportuno cura heridas que la vida adulta no siempre logra sanar. Ámalos con tus palabras y con tus acciones. Diles: "Eres importante", "Estoy orgulloso de ti", "Puedes confiar en mí".

Tu misión como padre o madre es formar seres humanos libres, felices, amados y emocionalmente estables. Dios no te dio hijos para controlarlos, sino para guiarlos con sabiduría y propósito. Permite que sueñen, que rían, que vivan, que crezcan. Tu mayor herencia no es material: es tu ejemplo.

CARTA A LOS ESFORZADOS Y VALIENTES

Esta carta es para ustedes: para los que se levantan aun con miedo, para los que avanzan aun con cansancio, para los que creen aun sin ver.

Para los esforzados. Para los valientes. Para los que saben que existe una esperanza más grande que cualquier dolor, y están dispuestos a pagar el precio del crecimiento y del propósito.

Ustedes, los que no esperan condiciones perfectas. Ustedes, los que entienden que la vida no regala nada, pero recompensa a los que no se rinden. Ustedes, los que saben que cada proceso tiene un propósito y que cada lágrima riega la semilla del futuro.

Esta carta es para quienes decidieron que su historia no termina en el sufrimiento, sino en el renacimiento. Para quienes saben que Dios honra a los persistentes, a los que trabajan en silencio y siembran, aunque otros no crean en su siembra.

Ser valiente no significa no tener miedo. Ser valiente es avanzar con miedo, confiando en que Dios abrirá camino donde tú solo ves desierto. Ser esforzado es vivir determinado, entendiendo que lo que vale la pena siempre exige un precio, pero la recompensa siempre será mayor.

A ustedes, los que lo están dando todo: no se detengan. No olviden quiénes son. No se conformen con una vida pequeña cuando Dios los llamó a una grande. No duden de su propósito; el sacrificio de hoy será la cosecha de mañana.

Sigan. Aunque el proceso duela. Aunque el camino sea largo. Aunque el mundo no entienda su fe ni su visión. Sigan, porque la cima pertenece a quienes se atreven a subir cuando otros prefieren quedarse en la base.

La esperanza es para los determinados. El éxito es para los que hacen. Y los sueños son para los que despiertan y trabajan.

A ustedes, esforzados y valientes: los admiro, los respeto y los veo. La victoria ya está escrita para quienes perseveran. Dios camina delante de ustedes, y lo mejor aún está por venir.

CARTA ALAS MUJERES QUE BUSCAN UN HOMBRE QUE LAS SALVE

Mujer, esta carta es para ti. Para la que ha sufrido, para la que ha buscado afuera lo que solo puede encontrar adentro. Ningún hombre puede salvarte. Solo tú puedes hacerlo. Tu bienestar es tu responsabilidad. Tu economía es tu territorio. Tu autoestima es tu casa. Tu placer es tu templo.

Cuando una mujer entrega su vida económica, emocional o sexual a un hombre para que la salve, deja de ser protagonista y se convierte en espectadora de su propio destino. Eso no es amor; es dependencia, y jamás ha construido una vida plena.

Cuidado con los amores dependientes. Te roban tu voz, tu poder y tu libertad. Te convierten en mendiga emocional. Te hacen pequeña y apagan tu luz. El amor dependiente te hace olvidar quién eres.

Si eres una mujer que busca hombres de la edad de tu padre, ten cuidado. Puede que no estés buscando amor, sino buscar en tus parejas al padre que te faltó emocionalmente. Ese vacío no lo llena un hombre mayor; lo llena tu sanación interior. Un hombre mayor no es tu papá, y jamás podrá completar una herida de infancia. Sana, busca conciencia y abraza a tu niña interior.

Responsabilidad es poder. Poder para elegir, crear, avanzar y sostenerte. Un hombre no es tu plan de vida, ni tu banco, ni tu salvador. Si llega, que sea compañero y no rescatista. Que llegue a sumar, no a sostener lo que tú no quieres sostener.

Trabaja en ti. Crece. Gana tu propio dinero. Cuida tu estabilidad emocional. Cuando una mujer se hace responsable de su vida, ama desde la libertad, no desde la necesidad. Una mujer plena no busca un salvador; atrae un compañero.

Ejemplo: COMO MODELAR A NUESTRAS HIJAS

Modelar a una hija no se logra con discursos vacíos, sino con el ejemplo diario. Una hija aprende más de lo que observa que de lo que escucha. Por eso, una mujer que desea formar un hogar sólido comienza por modelar prudencia, autoestima, límites firmes, responsabilidad y fe.

Una madre que se respeta enseña a su hija a respetarse.

Una mujer que se valora enseña a su hija a nunca aceptar menos de lo que merece.

Una mujer que camina en sabiduría forma hijas que caminan con dignidad.

Una mujer prudente:

- Cuida sus palabras.

- No hiere para ganar discusiones.

- Actúa desde principios y no desde impulsos.

- Elige relaciones que construyen, no que destruyen.

Una mujer sabia:

- Se honra a sí misma para poder honrar a otros.

- Enseña que el amor verdadero se demuestra con hechos.

- Modela equilibrio emocional, firmeza y dignidad.

Una familia según Dios se construye sobre tres columnas:

1. Amor

2. Respeto

3. Compromiso

Estos pilares sostienen un hogar donde los hijos crecen seguros, valorados y guiados.

Dios creó al hombre y a la mujer con diferencias que se complementan:

La mujer:

- Aporta sensibilidad espiritual.

- Modela amor, prudencia y sabiduría.

- Provee dirección emocional y equilibrio.

El hombre:

- Aporta firmeza, visión y propósito.

- Es proveedor emocional, espiritual y material.

- Guía con responsabilidad y liderazgo sano.

El mensaje final para una hija:

- Su cuerpo es sagrado.

- Su voz tiene valor.

- Merece un amor que la honre.

- La familia se construye entre dos.

- Una vida equilibrada nace de la responsabilidad compartida.

Lo que ella vea en ti será el molde con el que elegirá su futuro.

CARTA A MUJER QUE SE INTENTA SUICIDAR POR UN ESPOSO (Consejo psicológico y espiritual)

Mujer valiosa:

Si estás leyendo esto, significa que todavía existe en ti una pequeña luz que quiere seguir viviendo. Y esa luz merece respeto, protección y guía.

Ningún dolor, por profundo que sea, te define. Ningún hombre, por importante que haya sido en tu vida, tiene el poder de apagar tu propósito. Lo que hoy sientes no es fracaso: es una herida emocional que puede sanar.

Consejo Psicológico:

Tu cerebro está en modo dolor, no en modo verdad Cuando un abandono, traición o humillación ocurre, el cerebro entra en "modo supervivencia". Desde ahí, los pensamientos se vuelven extremos:

"No valgo."

"Sin él no soy nada."

"No tengo salida."

Estos pensamientos NO son realidad; son síntomas. Síntomas de ansiedad, trauma, dependencia emocional o agotamiento. Lo que estás pensando hoy no es tu identidad; es tu herida hablando.

Tu valor no depende del amor de otro.

El suicidio surge cuando una mujer confunde su existencia con su relación. Pero tú eres una persona completa, con historia, dones, capacidades y un futuro que todavía no has vivido.

CARTA PARA EL SER HUMANO QUE ESTÁ LUCHANDO CON ADICCIONES, IRA, VIOLENCIA Y AUTODESTRUCCIÓN

A ti, que estás leyendo estas palabras con una mezcla de miedo, vergüenza, cansancio y esperanza. A ti, que cargas batallas internas que nadie conoce. A ti, que despiertas sintiendo que perdiste el control de tu vida y cada día prometes cambiar… pero terminas cayendo en lo mismo.

Quiero que sepas esto antes de seguir: **esta carta no viene a señalarte. Viene a recordarte quién eres, incluso si hoy te sientes irreconocible.**

Porque sí, puedes estar consumiendo drogas. Puedes estar atrapado en la pornografía. Puedes estar reaccionando con violencia, gritando sin querer, rompiendo cosas, perdiendo la paciencia con quienes sí te aman. Puedes estar cargando ira acumulada durante años. Puedes haber traicionado a personas que confiaban en ti.

Pero, aun así, escúchame con atención: **Aún no estás tarde. Aún no estás perdido. Aún puedes sanar si eres consciente y lo deseas.**

Nadie se destruye porque quiere. Nadie se hunde por elección. La psicología lo confirma una y otra vez: **todo comportamiento destructivo es un intento desesperado de aliviar un dolor emocional que no se ha podido nombrar.**

Ese es el origen. Ahí está la raíz. Ese es el punto donde comienza tu verdadera transformación.

Tu historia emocional explica tu comportamiento, pero no te condena.

Quizás creciste sintiendo abandono. Quizás viviste en un ambiente de gritos, golpes, humillaciones o silencios que duelen. Quizás tuviste que aprender a ser fuerte demasiado pronto. Quizás nunca te enseñaron a manejar tus emociones. Quizás viste a tus padres amar mal y, sin querer, repetiste el mismo patrón.

Todo eso importa. Todo eso afecta tu presente. Pero nada de eso te sentencia.

Hoy estás leyendo esta carta, y eso significa que dentro de ti aún existe una parte sana, una parte consciente y una parte que quiere salvarse.

Las adicciones no nacen por debilidad; nacen por dolor.

La droga no es placer: es desahogo, es anestesia emocional. La pornografía no es un hábito inocente: es un refugio que intenta llenar un vacío que no se comprende.

No te avergüences por sentir dolor. Avergüénzate solo de no intentar sanar.

Tu cerebro puede reprogramarse. Tu corazón también.

La ira acumulada es la voz de algo que no ha sido atendido.

La ira no es un monstruo: es un mensaje. Es evidencia de saturación emocional. Es tu interior pidiendo salir a la luz.

La violencia no es tu identidad; es una conducta aprendida.

La violencia nace de la impotencia emocional. Puedes detenerla. Puedes romper ese patrón.

La traición no te define: te muestra lo que debes sanar.

La traición nace del miedo, de la inseguridad afectiva, de la inmadurez emocional y de vacíos profundos.

No eres un monstruo por haber fallado, pero sí eres responsable de sanar la raíz que te llevó a hacerlo.

Aún estás a tiempo de cambiar tu destino.

La mente puede transformarse. Las emociones pueden reorganizarse. Los hábitos pueden romperse.

Dios puede levantar lo que tú crees perdido.

No sanas solo: pides ayuda y avanzas.

Buscar apoyo profesional no te hace débil; te hace valiente.

El perdón propio es el inicio, pero la verdad es el camino.

Perdónate por lo que no sabías, pero no te mientas. La verdad abre la puerta a tu libertad.

Esta no es tu última versión.

Puedes ser un ser humano nuevo, consciente, libre y restaurado. Si estás vivo, significa que Dios no ha terminado contigo.

Esta carta no es casualidad. Es tu señal. Es tu llamado. Es tu oportunidad.

Aún no estás tarde. Aún no estás perdido. Aún puedes sanar si tú lo decides.

CARTA A LAS MUJERES QUE NO PERDONAN A SU PADRE

(Consejo psicológico y espiritual)

Mujer valiosa:

Esta carta es para ti, que aún llevas dentro un dolor antiguo. Un dolor que no siempre dices en voz alta, pero que vive en tu corazón desde la infancia. Quizás tu padre te falló, te abandonó, fue duro, ausente, injusto o emocionalmente inaccesible. Tal vez nunca te dio las palabras, los abrazos o la protección que necesitabas.

Ese dolor es real. Pero también es una raíz que, si no la sanas, seguirá causando heridas en tus relaciones de pareja.

Consejo Psicológico:

Tu padre fue tu primer modelo masculino En psicología se sabe que la relación con el padre influye directamente en la elección de pareja.

Si no sanas esa herida:

— eliges hombres que no saben amar;

— buscas aprobación en quien no puede dártela;

— repites patrones de abandono;

— confundes amor con dolor;

— toleras migajas porque nunca conociste el banquete. La niña herida dentro de ti busca en cada hombre aquello que tu padre no pudo darte.

Y por eso las relaciones se rompen.

No por mala suerte: por una herida que sigue abierta.

El perdón no es negar el daño; es liberarte de él Perdonar no significa justificar a tu padre.

Perdonar significa que ya no permitirás que su ausencia controle tu presente. Que su falta no será la medida de tu valor. Que no seguirás viviendo desde la herida, sino desde la mujer consciente que estás construyendo.

Cuando perdonas, reprogramas tu mente afectiva.

Empiezas a elegir desde la dignidad, no desde la carencia.

Consejo Espiritual:

El perdón es una puerta espiritual.

Dios no quiere que vivas encadenada al resentimiento.

El rencor al padre es una de las energías más pesadas que existen, porque bloquea el amor, la paz y las bendiciones afectivas.

Cuando una mujer no perdona a su padre:

— su corazón se endurece;

— su espíritu se confunde;

— su alma se siente sola aun estando acompañada;

— su visión del amor se distorsiona.

Dios no quiere eso para ti.

Perdonar a tu padre te libera a ti, no a él Tú no controlas lo que él hizo. Pero sí puedes decidir cómo quieres vivir ahora.

El perdón es un acto espiritual de poder: rompe cadenas generacionales y abre espacio para formar un hogar sano, con amor real, no con repeticiones dolorosas.

Cuando perdonas a tu padre, Dios abre caminos nuevos en tu vida emocional, porque la energía del perdón atrae luz, atrae hombres sanos, atrae amor limpio.

Tu corazón se suaviza. Tu alma respira. Y tú historia empieza a cambiar.

Mensaje Final:

Perdonar a tu padre no es un regalo para él. Es un regalo para ti.

Es permitirte relaciones donde seas amada de verdad.

Es romper la herencia emocional del dolor.

Es elegir tu libertad por encima de tu pasado.

Es convertirte en la mujer que Dios soñó para ti.

Tú mereces vivir desde el amor, no desde la herida. El perdón es la llave.

Y tú ya estás lista para usarla.

CARTA A LAS MUJERES QUE NO PERDONAN A SU MADRE
(Consejos psicológicos y espirituales)

Mujer valiosa: Esta carta es para ti, que llevas dentro un dolor silencioso, profundo, complejo… un dolor que nace de la relación más importante y a la vez más difícil de la vida: la relación con tu madre.

Quizás tu madre te hirió con palabras duras, indiferencia, injusticias o abandono emocional. Quizás no te abrazó, no te protegió, no te escuchó, o te exigió más de lo que una niña podía soportar. Tal vez fue fría, crítica, violenta, ausente o simplemente incapaz de darte el amor que necesitabas.

Ese dolor es real. Esa herida marca. Y muchas mujeres cargan con ella durante toda la vida sin saber que esa falta de perdón se convierte en un bloqueo emocional, espiritual y relacional.

Consejo Psicológico:

Tu madre fue tu primer vínculo emocional Desde la psicología, la relación con la madre determina:

– cómo te hablas a ti misma,

– cómo te cuidas,

– cómo te valoras,

– cómo te relacionas con otras mujeres,

– y cómo construyes tu autoestima.

Cuando no sanas esa herida:

– te vuelves muy exigente contigo misma,

– cargas culpas que no te pertenecen,

– buscas amor donde hay rechazo,

– repites patrones de complacencia,

– te cuesta confiar en las personas,

– y sientes un vacío que no sabes explicar.

Tu dolor no es exagerado. Es un trauma emocional que necesita ser reconocido.

Tu madre hizo lo que pudo desde su nivel de conciencia No lo que necesitabas, pero lo que ella sabía darle. Entender eso no justifica el daño, pero te ayuda a separarte del peso emocional.

Muchas madres cargan heridas más profundas que las tuyas. Heridas que jamás trabajaron. Heridas que luego pasaron a sus hijas sin quererlo.

Perdonarla es liberarte.

No perdonas para decirle "estuvo bien lo que hiciste".

Perdonas para dejar de cargar una historia que ya no te sirve.

Perdonar a tu madre te devuelve:

— paz interior,

— claridad mental,

— libertad emocional,

— y la posibilidad real de convertirte en la mujer que tú quieres ser.

Consejo Espiritual:

Tu madre fue el canal, no la fuente Dios te trajo a la tierra a través de ella, pero tu propósito no depende de su amor ni de su aprobación. La espiritualidad enseña que:

— el alma elige a los padres antes de nacer,

— porque a través de ellos recibes las experiencias que formarán tu carácter,

— incluso las más dolorosas. Tu madre fue la herramienta, no el destino. El amor verdadero que te sostiene viene de Dios. El rencor hacia la madre bloquea la abundancia emocional El corazón que guarda enojo hacia su madre:

— se cierra,

— se endurece,

— y queda atrapado en ciclos repetitivos de dolor. Desde lo espiritual, la energía femenina —la intuición, la sensibilidad, la creatividad, la autoestima, la vida interior— se daña cuando no sanas la relación con tu madre.

Perdonarla es honrar tu linaje y liberar tu futuro.

Cuando perdonas:

— rompes patrones generacionales,

— evitas transmitir dolor a tus hijos,

— reabres la comunicación con tu propia esencia,

— y permites que Dios limpie y restaure tu corazón.

Mensaje Final:

Tu madre no pudo darte lo que no había dentro de ella. No pudo enseñarte lo que nunca aprendió. No pudo ofrecerte un amor que su propia historia le negó.

Pero tú sí puedes sanar. Tú sí puedes romper el ciclo. Tú sí puedes elegir un camino diferente.

Perdonar a tu madre es un acto de amor propio. Es elegir tu libertad por encima del pasado. Es abrir espacio para convertirte en la mujer que Dios diseñó que fueras.

CARTA DE PERDÓN A TUS HIJOS (Consejos psicológicos y espirituales)

Hijo mío / Hija mía:

Hoy quiero hablarte desde un lugar de verdad, humildad y amor.

No desde el rol de madre perfecta, sino desde el corazón humano que también se equivoca, que también siente miedo, que también aprende sobre la marcha.

Quiero pedirte perdón.

Perdón por las veces que no supe escucharte. Por las veces que mis heridas hablaron más fuerte que mi paciencia.

Por las veces que actué desde el cansancio, el estrés o el dolor, y no desde el amor que siempre sentí por ti.

Perdón por mis silencios, por mis gritos, por mis ausencias, por mis errores.

Perdón si en algún momento te hice sentir que no eras suficiente o que tu voz no importaba.

Perdón si te herí sin querer, repitiendo patrones que yo misma heredé y nunca aprendí a sanar a tiempo.

Quiero que sepas que ninguno de mis errores define tu valor ni tu destino.

Tú mereces amor sano, palabras que te levanten, un hogar donde puedas respirar, sentirte visto, escuchado y protegido.

Consejo Psicológico:

Los padres también cargan heridas.

Ningún padre llega completamente sano a la crianza.

Muchas veces repetimos lo que aprendimos, incluso cuando duele. Tus hijos deben saber que:

— Los errores de mamá no son culpa de ellos.

— El comportamiento del adulto no define al niño.

— La responsabilidad emocional pertenece al adulto, no al hijo.

Reconocer esto les permite liberarse de culpas que no les corresponden.

Pedir perdón fortalece el vínculo.

La psicología afirma que cuando un padre reconoce sus errores, el niño o adolescente:

— baja sus defensas,

— sana más rápido,

— deja de sentirse responsable del conflicto,

— y se siente más amado y validado.

Tu perdón abre una puerta para que ellos también puedan expresar lo que sienten.

El perdón evita que tus hijos repitan tus patrones Cuando ven que reconoces tus fallas:

— aprenden a comunicar,

— aprenden a sanar,

— aprenden a amar sin violencia,

— y construyen una autoestima sólida.

La humildad de un padre se convierte en la medicina emocional del hijo.

Consejo Espiritual:

Dios restaura lo que el amor tocado por el dolor imperfecto dañó.

El corazón de una madre siempre quiere hacer lo mejor, pero a veces no sabe cómo.

Aun así, Dios ve la intención, ve tus lágrimas, ve tu deseo de sanar y restaurar la relación con tus hijos.

El perdón es una fuerza espiritual Cuando pides perdón a tus hijos:

— rompes cadenas generacionales,

— limpias el ambiente espiritual del hogar,

— sanas la energía familiar,

— y permites que Dios entre a reconstruir lo que parecía roto.

El perdón eleva el alma de la madre y libera el corazón del hijo.

El amor verdadero es humilde.

No viene del orgullo. No viene del ego.

Viene de la verdad.

Y la verdad que te hará libre hoy es esta:

tus hijos merecen escuchar tu perdón, y tú mereces sentirte restaurada.

Mensaje Final para tu hijo o hija:

Hijo mío / Hija mía:

No soy perfecta, pero te amo con un amor que supera todo. Quiero ser mejor para ti, caminar contigo, escucharte más, abrazarte más y darte lo que realmente necesitas: una madre consciente, presente, humilde y llena de amor.

Perdóname si te fallé.

Gracias por crecer conmigo.

Gracias por tu paciencia.

Gracias por tu luz.

Y aunque no siempre lo diga, te llevo conmigo en cada decisión, en cada sueño, en cada oración.

Estoy aquí para sanarnos juntos.

EL PODER DE LA GRATITUD, EL PERDON Y LA FE PARA CONSTRUIR VINCULOS SANOS (Perspectiva psicológica, espiritual y formativa)

Los vínculos sanos nacen de un corazón trabajado, consciente y dispuesto a evolucionar. Tres pilares sostienen ese crecimiento: la gratitud, el perdón y la fe. Cuando una mujer desarrolla estas fuerzas, su mente se ordena, su alma se libera y sus relaciones se vuelven más auténticas y equilibradas.

1. Perspectiva Psicológica

La Gratitud reorganiza la mente y abre la conciencia.

La gratitud activa zonas del cerebro relacionadas con la calma, la empatía y la claridad emocional. Una mujer que practica la gratitud:

-regula mejor sus emociones,

- desarrolla una autoestima más sólida,

- conecta con los demás desde la abundancia y no desde la carencia,

- evita apegos tóxicos,

- aprende a valorar lo que sí tiene.

El Perdón rompe cadenas emocionales Desde la psicología, el perdón es un proceso terapéutico poderoso. Perdonar permite:

- liberar traumas que se repiten,

- romper patrones familiares,

- disminuir el estrés y la ansiedad,

- dejar de atraer relaciones desde la herida,

- recuperar la capacidad de confiar.

La Fe fortalece la resiliencia emocional.

La fe actúa como un sistema interno de esperanza y dirección. Quien desarrolla fe:

- se vuelve más fuerte ante las pruebas,

- mantiene la calma en tiempos de incertidumbre,

- piensa de manera más positiva y funcional,

- toma decisiones sin miedo,

- construye vínculos más estables y maduros.

2. Perspectiva Espiritual.

La Gratitud eleva la vibración del alma.

A nivel espiritual, la gratitud es una conexión directa con la divinidad. Cuando agradeces, reconoces que la vida tiene propósito, aprendizaje y dirección.

El Perdón libera el alma de cadenas invisibles.

Perdonar espiritualmente significa soltar el juicio, dejar ir la necesidad de tener razón y permitir que tu alma avance hacia su propósito.

La Fe conecta a la mujer con su identidad divina.

Desarrollar fe significa confiar en el proceso, confiar en el tiempo perfecto, confiar en que nada es casualidad y confiar en que eres guiada y protegida.

3. La Restauración y Transformación del Ser Humano.

Confío plenamente en la restauración y transformación del ser humano. Cuando una persona abraza la gratitud, practica el perdón y desarrolla su fe, inicia un proceso profundo de sanación interna.

4. Integración de los Tres Pilares en los Vínculos Humanos.

Una mujer que vive desde la gratitud, el perdón y la fe crea relaciones más conscientes, se comunica desde la calma, sana antes de amar y pone límites desde la dignidad.

Conclusión:

La gratitud abre el corazón. El perdón lo limpia. La fe lo fortalece.

CARTA A MI FUTURO ESPOSO

Amado futuro esposo:

Te escribo desde la mujer que hoy soy: una mujer restaurada, consciente, fuerte y guiada por Dios. Te escribo desde mi crecimiento, desde mis batallas ganadas y desde la certeza de que el amor verdadero no se improvisa; se construye con intención, valores y visión.

Sé que tú, igual que yo, has pasado por tu propia transformación. Has sanado lo que algún día te dolió. Has roto cadenas emocionales y espirituales. Has aprendido a amarte, a respetarte y a honrar tu propósito. Hoy te reconozco como un hombre libre, un hombre que dejó atrás lo que no le pertenecía, para darle espacio a lo que Dios preparó para él.

Te visualizo como un líder con carácter, un hombre íntegro que camina con principios firmes y respeta los valores que también sostienen mi vida. Imagino tu mente clara, tu corazón estable y tu espíritu fuerte. Un hombre que sabe quién es, de dónde viene y hacia dónde va. Un hombre que no compite conmigo, sino que me acompaña. Que no me limita, sino que me impulsa. Que no teme a mi luz, porque él también brilla.

Te veo liderando no solo nuestro hogar, sino también nuestros proyectos, nuestras empresas, nuestras conversaciones y nuestros sueños. Veo tu ejemplo marcando la vida de otros, guiando a nuestro equipo y siendo un pilar de sabiduría para quienes Dios ponga en nuestro camino.

Te quiero sabio.

Te quiero estable.

Te quiero consciente.

Te quiero decidido.

Te quiero hombre.

Hombre de verdad.

Un hombre que sabe escuchar a Dios antes de escuchar al mundo. Un hombre que entiende que el éxito sin propósito es vacío. Un hombre que dobla rodilla, que honra la familia, que protege, que guía, que ama con madurez.

Espero que donde estés hoy, estés creciendo, estés preparándote, estés elevando tu carácter. Yo también lo hago.

Yo también me preparo para ti. Porque quiero llegar a tus manos como una mujer completa, una mujer de fe, visión y propósito; tu compañera, tu aliada, tu apoyo y tu paz.

Cuando Dios decida unirnos, quiero que sepas que no vendrás a mi vida a salvarme ni a completarme. Vendrás a caminar conmigo.

Vendrás a construir.

Vendrás a reír.

Vendrás a soñar.

Vendrás a liderar conmigo esta vida que Dios nos tiene destinada.

Mi amor por ti comienza hoy, desde la preparación, desde el respeto, desde la oración.

Gracias por ser el hombre restaurado, libre y sabio que merezco.

Gracias por temer a Dios, porque eso te convierte en el líder que yo he orado por tener a mi lado.

Te espero en paz, con fe, con propósito y con el corazón listo para amarte con dignidad.

Con visión, honra y esperanza,

Tu futura esposa.

CARTA A LA MUJER QUE ESTÁ FLORECIENDO EN MI

La Mujer Sabia Amada mujer que vive en mí, hoy te reconozco con toda la fuerza de mi alma. Te nombro como te nombra la sabiduría más antigua: Eishet Jojmá, la Mujer de Sabiduría. Aquella que en el pensamiento judío edifica, sana, transforma y eleva todo lo que toca.

Tú estás floreciendo porque aprendiste a vivir desde la Jojmá, esa sabiduría divina que no viene de la razón, sino del espíritu. Floreces porque tu alma despertó al entendimiento profundo —Biná— la capacidad de ver más allá, de comprender lo que otros no ven, de leer el corazón humano con una sensibilidad que proviene de Dios.

Has florecido porque incluso en tus noches más oscuras buscaste la luz. Porque aun cargando heridas antiguas, elegiste levantarte y construir, tal como enseña Proverbios 14:1: "La mujer sabia edifica su casa." Tú edificaste la tuya. La levantaste con lágrimas, con sacrificio, con verdad, con valentía.

Construiste sobre ruinas, pero lo hiciste con paz —Shalom— porque entendiste que la mujer sabia trae orden, bendición y propósito a su vida y a su hogar. Amada mujer interior, hoy te celebro porque descubriste el tesoro más grande: El verdadero poder de una mujer sabia no está en su fuerza, sino en su capacidad de escuchar a Dios, honrar Su voluntad y caminar con dignidad.

Tú floreces porque dejaste de reaccionar y aprendiste a discernir. Porque dominas tu lengua y hablas con Jésed, con bondad. Porque tus palabras ahora levantan en vez de derribar. Porque eres guardiana de tu corazón y protectora de tu propósito.

Floreces porque comprendiste que el temor de Dios —Yirat Adonai— no es miedo, sino reverencia.

La reverencia que transforma, que pule, que guía, que hace crecer. Hoy la mujer sabia y la mujer que florece son la misma. Una sola. Completa. Restaurada. Renacida. Eres la mujer que: Sanó sus raíces. Renunció a lo que la destruía. Honra su vida como un acto sagrado.

Camina con una fe que abrió temporadas nuevas. Inspira a otras mujeres a despertar su propósito. Eres la mujer que entiende que su historia no la condenó; la entrenó.

Que sus heridas no la definieron; la prepararon. Que su pasado no la limitó; la reveló. Hoy te hablo a ti, mujer sabia que florece en mí: Gracias por resistir.

Gracias por levantarte. Gracias por creer cuando no veías nada.

Gracias por convertirte en esa versión que Dios soñó primero.

Sigue floreciendo, incluso si el mundo no está listo para tu grandeza. Sigue floreciendo, porque tu fe ya abrió el camino.

Sigue floreciendo, porque la sabiduría que portas bendecirá generaciones. Te honro. Te celebro. Te bendigo. Florece, mujer sabia. Florece, porque naciste para iluminar.

CARTA FINAL A MIS LECTORES

Hoy, 1 de enero del 2026, comienza un nuevo camino para mí. Hoy me siento más libre, más consciente y sabia. Aunque sé que aún me queda mucho por crecer, también comprendo que la evolución del ser humano es diaria y no termina hasta el último día de nuestra vida.

Hoy decido ser mi prioridad. Hoy decido convertirme en mi proyecto favorito. Hoy elijo honrarme, aceptarme y abrazar cada una de mis partes: las fuertes, las frágiles, las imperfectas y las luminosas.

Sé que soy diferente, y por primera vez en mi vida, esa diferencia la celebro. La honro. La agradezco.

Doy gracias por estos primeros 30 años de vida: por lo vivido, por lo superado, por lo aprendido y por todo lo que Dios permitió para formarme. Pero también sé que, a partir de ahora, llega mi mejor momento. El momento en el que camino con más claridad, más fe y más propósito.

Seguiré trabajando cada día por mi mejor versión. Seguiré construyendo, aprendiendo y soñando. Seguiré haciendo mi parte, confiando siempre en que Dios hará la suya.

Y para ustedes, mis lectores, deseo todo lo bueno que desean para mí. Deseo que se perdonen, que se sanen, que encuentren su propósito, su fuerza y su voz. Deseo que nunca se rindan y recuerden que lo mejor está por venir.

Gracias por acompañarme en esta historia. Gracias por leerme, por sentirme, por caminar conmigo.

Nos vemos en la cima.

Con gratitud y propósito,

Arisleny FernándeZ

www.ingramcontent.com/pod-product-compliance
Lightning Source LLC
Chambersburg PA
CBHW070516090426
42735CB00012B/2806